Pedagogiek in de vingers

Inge van Rijn

Pedagogiek in de vingers

Werkboek pedagogische begeleiding in de kinderopvang

Houten 2020

ISBN 978-90-368-2434-7   ISBN 978-90-368-2435-4 (eBook)
https://doi.org/10.1007/978-90-368-2435-4

© Bohn Stafleu van Loghum is een imprint van Springer Media B.V., onderdeel van Springer Nature 2020
Alle rechten voorbehouden. Niets uit deze uitgave mag worden verveelvoudigd, opgeslagen in een geautomatiseerd gegevensbestand, of openbaar gemaakt, in enige vorm of op enige wijze, hetzij elektronisch, mechanisch, door fotokopieën of opnamen, hetzij op enige andere manier, zonder voorafgaande schriftelijke toestemming van de uitgever.

Voor zover het maken van kopieën uit deze uitgave is toegestaan op grond van artikel 16b Auteurswet j° het Besluit van 20 juni 1974, Stb. 351, zoals gewijzigd bij het Besluit van 23 augustus 1985, Stb. 471 en artikel 17 Auteurswet, dient men de daarvoor wettelijk verschuldigde vergoedingen te voldoen aan de Stichting Reprorecht (Postbus 3060, 2130 KB Hoofddorp). Voor het overnemen van (een) gedeelte(n) uit deze uitgave in bloemlezingen, readers en andere compilatiewerken (artikel 16 Auteurswet) dient men zich tot de uitgever te wenden.

Samensteller(s) en uitgever zijn zich volledig bewust van hun taak een betrouwbare uitgave te verzorgen. Niettemin kunnen zij geen aansprakelijkheid aanvaarden voor drukfouten en andere onjuistheden die eventueel in deze uitgave voorkomen. De uitgever blijft onpartijdig met betrekking tot juridische aanspraken op geografische aanwijzingen en gebiedsbeschrijvingen in de gepubliceerde landkaarten en institutionele adressen.

NUR 847/854
Basisontwerp omslag: Studio Bassa, Culemborg
Foto omslag: Monique Wolf
Automatische opmaak: Scientific Publishing Services (P) Ltd., Chennai, India

Bohn Stafleu van Loghum
Walmolen 1
Postbus 246
3990 GA Houten

www.bsl.nl

Voorwoord

Wat een prachtig boek heeft Inge van Rijn geschreven. En niet alleen dat: het is ook een zeer welkom boek in de kinderopvang, een sector die stevig aan het professionaliseren is. Met de intrede van de pedagogische coaches is een belangrijke stap gezet op weg naar een werkelijk bloeiende pedagogiek van en voor de kinderopvang. Dit boek biedt de werkvloer en vooral de coaches alle steun die ze bij hun werk kunnen gebruiken. Vanaf de eerste pagina merk je dat Van Rijn de materie tot in haar vingertoppen beheerst.

Wat het boek bijzonder maakt is de gelaagdheid. Want alhoewel het in eerste instantie de coaches zijn die worden aangesproken en ik mag wel zeggen: worden bemoedigd, is de inhoud van A tot Z pedagogisch te noemen. Dat komt omdat de auteur de pedagogische taken van het kindercentrum terecht centraal stelt. De kinderopvang heeft ongetwijfeld meer taken en vervult in onze maatschappij meerdere functies, maar Van Rijn laat ondubbelzinnig zien dat het de pedagogische taak is waar het werk in het kindercentrum mee staat of valt. Het gaat steeds om de relaties tussen de pedagogisch medewerkers en de kinderen (en hun ouders) en tussen de kinderen onderling. Concreet gaat het om veilige, respectvolle, gestructureerde en leerzame relaties en dat alles in een ruimte die als het ware als een 'extra' medewerker fungeert.

De kracht van dit boek is dat deze onderwerpen niet theoretisch of abstract worden behandeld, maar vanuit de levendige en soms weerbarstige praktijk van alledag. In die praktijk doet zich de hele dag en de hele week van alles voor, soms lopen de dingen goed, soms loopt het wat minder, soms loopt het uit de hand. Dit boek geeft vele aanknopingspunten, handvatten en tips voor coaches om met pedagogisch medewerkers maar ook met leidinggevenden, directies en oudercommissies in gesprek te gaan. Daarbij grijpt Van Rijn steeds terug op de kern: de pedagogische taken van het kindercentrum en pedagogisch handelen dat nodig is om deze te vervullen. De prikkelende casussen in dit boek brengen soms een glimlach, soms een frons op het gezicht. Gaat het er echt zo aan toe? Ja, dat is de wereld van het kindercentrum! Wat de coaches aantreffen in die praktijk vormt het startpunt voor mooie, soms indringende, soms ontroerende gesprekken. Inge van Rijn laat steeds goed zien hoe je als coach die gesprekken op een veilige, respectvolle, gestructureerde en leerzame manier kunt voeren. Met andere woorden: wees de praktijk die je graag wilt zien.

Ik ben ervan overtuigd dat dit boek een wezenlijke en zeer gewenste bijdrage levert aan niet alleen de verdere ontwikkeling van het werk van de coaches, maar ook aan de pedagogische kwaliteit van de sector kinderopvang als geheel. Daarmee is dit boek een teken van een toenemend besef in verschillende sectoren, denk naast de kinderopvang aan het onderwijs en de jeugdzorg, dat wat daar gebeurt in de eerste plaats mensenwerk is en geen machinaal werk. Een inzicht dat de beroemde pedagoog Janusz Korczak, van wie Inge van Rijn zulke prachtige motto's heeft overgenomen voor haar hoofdstukken, lang geleden al verwoordde: 'Er zijn fouten die je telkens weer zult maken, want je bent een mens en geen machine.' Inge van Rijn laat zien hoe coaches de medewerkers kunnen ondersteunen en stimuleren om wanneer het een keer fout gaat niet bij de pakken neer te zitten, maar opnieuw te beginnen en daarmee door te gaan.

Ik hoop dat dit boek zijn weg mag vinden in de volle breedte van die wondere wereld van de kinderopvang.

Joop Berding
pedagoog en auteur

Inleiding

Dit boek gaat over pedagogische begeleiding in de kinderopvang. Het is gebaseerd op mijn ervaringen als pedagoog in de kinderopvang. Een belangrijk onderdeel van mijn werk was om 'rond te hangen' in kindercentra: kijken in de groepen, luisteren naar de vragen van pedagogisch medewerkers (pm'ers) en lastige vragen aan hen stellen. Vragen over hun pedagogisch handelen: 'Wat doe je met de kinderen? Hoe is dat voor de groep? Wat zou het belangrijkste kunnen zijn?'

Het gesprek met de pm'ers was een zoektocht naar verbindingen. Verbindingen tussen het pedagogisch handelen dat ze in hun vingers hebben en de kennis in hun hoofd. Ofwel: tussen het praktisch handelen in de groep en de pedagogische taken van het kindercentrum. Als je weet waar je mee bezig bent, kun je bewust aan de slag gaan met de pedagogische taken van het kindercentrum.

Blik op je handen

In 1990, toen ik met dit werk begon, wilde ik de medewerkers veel vertellen over pedagogische visies, inspirerende pedagogen en kennis die ik in mijn hoofd had. Het viel me op dat de pm'ers een heel andere taal spraken: zij wilden graag tips voor lastige situaties in de groep, maar ik kwam met pedagogische kennis aanzetten.

Zo merkte ik op een cursusavond over 'Reggio Emilia' (kinderopvang in Italië) dat de aandacht bij de medewerkers verslapte. Ze waren moe na een dag hard werken. Ik probeerde mijn boodschap kort samen te vatten: 'Het allerbelangrijkste is: zelfreflectie!'
- Wat?
- Reflectie op je pedagogisch handelen.
- Ehh ... reflectie?
- Ja, nadenken over je eigen handelen.
- Nadenken over wat? vraagt een deelnemer aan haar buurvrouw.
- Over je eigen handelen.
- Huh, je eigen handen?

Hoog tijd voor de pedagoog om tot zelfreflectie te komen! Wat was ik aan het doen met de groep? Hoe kwam dit op de deelnemers over? Ik moest allereerst leren om de mensen in mijn groep beter te verstaan. Bij mezelf ging ik op zoek naar de verbinding tussen de kennis in mijn hoofd en de alledaagse praktijk van de begeleiding.

In de loop der jaren heb ik die begeleiding beter in de vingers gekregen. Ik leerde de dialoog met pm'ers aangaan. Om er samen, al pratend, achter te komen hoe je in de groep met de pedagogische taken bezig bent. Een dialoog komt pas tot stand als er wederzijds vertrouwen is en respect voor elkaars positie. Ik heb er 25 jaar op geoefend.

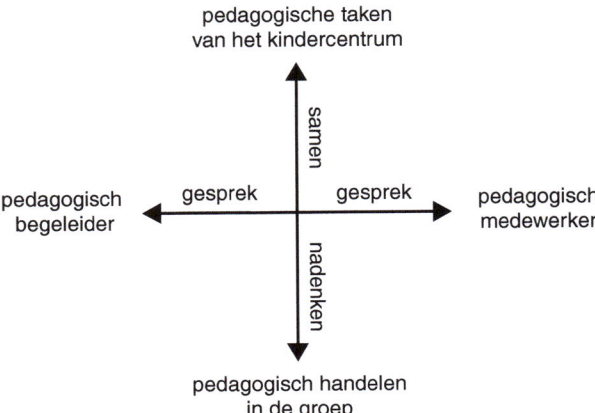

■ Figuur 1 Samen in gesprek

Van de 'lastige gesprekken' heb ik het meest geleerd. Ik leerde de pm'ers en mezelf er beter door kennen. Door deze ervaringen ben ik steeds meer van de pedagogische praktijk in de kinderopvang gaan houden en steeds meer gaan genieten van het contact met de medewerkers. 'Ik zou hier een boek over kunnen schrijven!', dacht ik vaak.

Doen en denken

De ondertitel van dit boek is: *Werkboek voor pedagogische begeleiding in de kinderopvang*. Het is een werkboek, omdat je als pedagogisch begeleider met beide benen op de werkvloer staat. Je observeert de groepen en gaat met de pm'ers in gesprek over wat je hebt gehoord en gezien. Dit boek biedt houvast en inspiratie bij die gesprekken. Er staan voorbeelden in van gesprekken, waarmee je kunt oefenen. In ieder hoofdstuk staan vragen en opdrachten waar je zelf mee aan de slag kunt gaan. Kortom: dit boek gaat jou helpen bij je taken als pedagogisch begeleider.

Jouw taak in het gesprek is om samen met de pm'ers na te denken over hun pedagogisch handelen. Spontaan handelen kunnen pm'ers gelukkig heel goed, dat is ook nodig als je met een groep kinderen werkt. Maar er schuilt een gevaar in alles spontaan 'vanuit jezelf' doen. Het gevaar is dat iedere medewerker naar eigen inzicht, voorkeur en misschien ook willekeur gaat handelen. Als begeleider wil je dat de pm'ers bewust bezig zijn met de pedagogische taken van het kindercentrum.

In de groep gebeurt zoveel tegelijk, dit vraagt soms om een snelle reactie van de pm'ers. Het komt voor dat kinderen elkaar bijten of boven op de tafel klimmen. Dan kunnen pm'ers niet eerst na gaan denken over de pedagogische taken. Pas buiten groepstijd kun je rustig terugkijken op wat er is gebeurd. Daarbij ben je als begeleider niet alleen een klankbord bij wie de pm'er haar verhaal kwijt kan; je houdt haar ook een spiegel voor. Je stelt vragen: 'Hoe reageerde jij op de kinderen? Zou je dit de volgende keer weer zo doen?' Al pratend ga je samen op zoek naar verbindingen tussen het spontane handelen in de groep en de kennis van de pedagogische taken van het kindercentrum. Zie ■fig. 1.

De kern van het schema bestaat uit het onderlinge gesprek en het samen nadenken. Dat vraagt om een goede relatie tussen jou als begeleider en de pm'er. Een relatie waarbij je wederzijds vertrouwen opbouwt en elkaars standpunten respecteert. Eigenlijk is het net als in het werk van de pm'er met de kinderen: het draait om de persoonlijke relatie die je met elkaar aangaat. Werken aan een veilig klimaat binnen de groep begint bij een gevoel van veiligheid in jouw gesprekken met pm'ers.

Het heeft weinig zin om pm'ers te vertellen hoe zij in de groep moeten handelen. Dat weten ze meestal zelf heel goed. Als je wilt dat een pm'er meer respect toont voor de autonomie van kinderen, begin dan met respecteren van haar autonomie en geef haar de ruimte om zich uit te spreken. Als begeleider houd je de pm'er een spiegel voor: zo ga jij met de kinderen om. Daarbij moet je ook zelf in de spiegel durven kijken en je afvragen: hoe ga ik met de pm'ers om?

Opbouw van het boek

In het eerste hoofdstuk kijken we naar het pedagogisch handelen in de groep in relatie tot de pedagogische taken van het kindercentrum. Daarbij draait het om relaties binnen de groep. In de volgende vier hoofdstukken richten we onze aandacht steeds op een van de pedagogische taken van het kindercentrum. In ▶H. 2 gaat het over veilige relaties binnen de groep. In ▶H. 3 om respectvolle relaties. ▶H. 4 gaat over werken aan structuur binnen de groep en ▶H. 5 over het scheppen van een leerzaam klimaat.
De ruimte en inrichting van het kindercentrum vervullen ook een belangrijke pedagogische taak. Dat bekijken we in ▶H. 6. In je werk als begeleider krijg je te maken met weerstand bij pm'ers of met druk vanuit het management. In ▶H. 7 krijg je tips voor hoe je hiermee om kunt gaan.

Opbouw van de hoofdstukken

In ▶H. 2 tot en met 6 vind je – na een korte inleiding – gesprekken tussen begeleider en pm'er(s) over een praktische vraag. Zoals een dreumes die slecht luistert of een peuter die niet speelt. Na ieder gesprek volgt de blik op het pedagogisch handelen, met aandacht voor de volgende zaken:
- Wat doet de pm'er met de kinderen? Is ze bezig met luisteren, kijken, verbinding maken, benoemen, initiatieven nemen? Wat gebeurt er in de groep? Hoe is dat voor de kinderen?
- Wat doe jij als begeleider met de pm'er? Stel je open vragen? Ga je in op wat de pm'er zegt? Hoe ga je om met de emoties van de pm'er?
- Wat is de belangrijkste pedagogische taak van de pm'er? Is ze daar ook echt mee bezig? Waar heeft ze moeite mee? Hoe komt dat? Hoe ga je daarmee om?
- De toon van het gesprek: jouw relatie als begeleider met de pm'er moet een voorbeeld zijn voor haar relatie met de kinderen: veilig, respectvol, leerzaam en gestructureerd. Hoe bereik je dat?
- Doel van het gesprek is een verbinding leggen tussen het pedagogisch handelen in de groep en de pedagogische taken van het kindercentrum. Hoe komt die verbinding tot stand?

Ter afsluiting van ieder hoofdstuk is er een korte samenvatting, een kader met vragen en opdrachten en een overzicht van de informatiebronnen die voor het hoofdstuk zijn gebruikt.

Personen in en rond het boek

Vandaag de dag kun je niet meer over 'leidsters' schrijven, ze heten nu pedagogisch medewerkers, afgekort: pm'ers. 98 % van hen is vrouw en ook in andere functies binnen de kinderopvang werken overwegend vrouwen. Daarom gebruik ik in dit boek de vrouwelijke vorm. Ik geef de kinderen en de pm'ers vaak een naam, dat leest prettiger. Maar de namen die ik gebruik, verwijzen nooit naar kinderen of pm'ers in de werkelijkheid.

Het boek is geschreven voor pedagogisch begeleiders in de kinderopvang. Dat kunnen pedagogisch coaches zijn of coaches in de voor- en vroegschoolse educatie (VVE). In andere organisaties zijn het pedagogisch beleidsmedewerkers of pedagogisch stafmedewerkers. Voor de leesbaarheid noem ik ze allemaal pedagogisch begeleiders, meestal kortweg: begeleiders.

De situaties die ik beschrijf, zijn gebaseerd op dingen die ik echt heb meegemaakt als pedagoog en schrijver in de kinderopvang. In de gekozen voorbeelden leg ik vaak de vinger op de zere plek, waardoor de 'moeilijke kanten' van het gesprek en de negatieve emoties bij pm'ers sterker naar voren komen. In werkelijkheid heb ik ervaren dat pm'ers meestal heel positief met de kinderen omgaan en – ook met mij – veel geduld hebben.

Daarom: veel dank aan alle medewerkers die zich op de vingers laten kijken in hun werkdomein, zich laten fotograferen, filmen, ondervragen en adviseren. Ze blijven zich dag in dag uit voor de kinderen inzetten. Dank aan de collega pedagogen in het werkveld, die mij de kneepjes van het vak hebben geleerd. Speciale dank aan Monique Wolf voor de waardevolle opmerkingen bij de tekst en de schitterende foto's. Dank aan Marike Vroom, die zo positief reageerde op mijn stukjes voor het blad *Kinderopvang* dat ik moed vatte om aan dit boek te beginnen. De meeste gesprekken in dit boek zijn bewerkingen van gesprekken uit de rubriek 'In dialoog met de pedagoog' die tussen januari 2018 en juli 2019 verscheen in het blad *Kinderopvang*. Dank aan grote pedagogen als Janusz Korczak, die mijn pedagogisch denken en doen gevormd hebben. Dank aan wetenschappers als Elly Singer, die de praktijk van de Nederlandse kinderopvang op een hoger plan hebben gebracht. Dank aan Wouter Pols, mijn grote inspiratiebron, voor zijn nauwkeurige eindredactie. Speciale dank aan Joop Berding die met veel geduld de hele opzet en alle versies van het boek van commentaar heeft voorzien. Zijn deskundige aanwijzingen hebben mij steeds vooruitgeholpen.

Inhoud

1	**De pedagogische taken van het kindercentrum**	1
1.1	**Een dag op het kindercentrum**	3
1.2	**Pedagogische taken**	4
	Literatuur	7
2	**Veilige relaties**	9
2.1	**In gesprek met Tamara: 'Echt asociaal'**	10
	Hoe raak je in gesprek?	10
2.2	**Blik op het pedagogisch handelen**	12
	Asociaal is lomp	12
	Asociaal is onbetrouwbaar	13
	Asociaal is gevaarlijk	13
	Asociaal is onmaatschappelijk	13
	Asociaal is onaangepast	14
	Asociaal is onveilig	14
	Veilige relatie in het gesprek	15
2.3	**In gesprek met Fleur: 'Ze piepen zo!'**	15
	Hoe raak je in gesprek?	15
2.4	**Blik op het pedagogisch handelen**	17
	Niks aan de hand	17
	Rustig en aandachtig	17
	Diep zuchten en langzaam en bewegen	17
	Zingen	18
	Daar heb je wel tijd voor	19
	Steun voor de groep	19
	Algehele verbetering	19
	Veilige relatie in het gesprek	20
	Literatuur	21
3	**Respectvolle relaties**	23
3.1	**In gesprek met Patricia: 'Geen Reggio-fan'**	24
	Hoe raak je in gesprek?	24
3.2	**Blik op het pedagogisch handelen**	25
	Zo doen we dat hier al jaren	26
	Even het kind pakken en aan tafel zetten	26
	Nog drie knutsels te gaan	27
	Een-op-eenaandacht en gezellig samenzijn	27
	Baby's kunnen nog niet veel zelf	28
	Lekker met de handjes in de verf	28
	Respectvolle relatie met de pm'er	28

3.3	Spelen met duplo in het peuterteam	29
3.4	**Blik op het pedagogisch handelen**	30
	Zelf speelsheid ervaren	30
	In de groep	31
	Eigen creativiteit	32
	Respect voor verschillen	32
	Literatuur	33
4	**Gestructureerde relaties**	**35**
4.1	In gesprek met Laurie: 'Een olifant in de groep'	36
	Hoe raak je in gesprek?	36
4.2	**Blik op het pedagogisch handelen**	38
	Baas van de groep	38
	Een kind is geen olifant	38
	De gouden tip	39
	Vertrouwen moet groeien	39
	Plek in de groep	39
	Grenzen in de groepsruimte	40
	Een beetje overspannen	41
4.3	In gesprek met Carmen en Nadia: 'Pittige uitdaging'	41
	Hoe raak je in gesprek?	41
4.4	**Blik op het pedagogisch handelen**	43
	Bso-tijd is vrije tijd	43
	Individuele vrijheid en verantwoordelijkheid	43
	Kinderen willen meedoen	44
	Sociogram	44
	Basisregels en feestjes	44
	Actief zijn en een beetje chillen	45
	Relatie met de pm'ers	45
	Literatuur	47
5	**Leerzame relaties**	**49**
5.1	In gesprek met Ineke: 'Rustmomenten'	50
5.2	**Blik op het pedagogisch handelen**	52
	Meten is niet alles weten	52
	Babytaal	53
	Een rijk taalaanbod	53
	Denderende dreumesen	53
	Even rust	54
	Relatie met de pm'er	55
5.3	In gesprek met Chantal: 'Klaarstomen'	55
	Hoe raak je in gesprek?	55
5.4	**Blik op het pedagogisch handelen**	57
	Niet schools maar speels	57
	Vertrouwen in kinderen en pm'ers	57
	Relatie met de pm'er	58
	Literatuur	60

6	**De pedagogische kracht van de ruimte**	**61**
6.1	In gesprek met Lies: 'Wel netjes'	62
	Hoe raak je in gesprek?	62
6.2	Pedagogische blik op de ruimte	63
	Ruimtelijk inzicht	64
	Pedagogiek op de vierkante centimeter	65
	(Niet) gezellig	66
	Passen en meten	67
	Inspirerende voorbeelden	67
	Literatuur	69
7	**Dilemma's en druk**	**71**
7.1	Dilemma's op de werkvloer	72
	Hoe gaat het in de groep?	72
	Ik zie wat jij niet ziet	72
	Routines en vertrouwelijkheid	73
	Gevaarlijke situaties	74
7.2	Druk vanuit het management	74
	Dit valt niet te rijmen	75
	Ruimte voor pedagogiek	75
	Buigen of barsten	76
7.3	Tips voor de begeleider	76
	Bepaal je positie	76
	Maak je werk zichtbaar	76
	Werk samen	77
	Zoek een netwerk	77
	Literatuur	78

De pedagogische taken van het kindercentrum

1.1 Een dag op het kindercentrum – 3

1.2 Pedagogische taken – 4

Literatuur – 7

© Bohn Stafleu van Loghum is een imprint van Springer Media B.V., onderdeel van Springer Nature 2020
I. Van Rijn, *Pedagogiek in de vingers*, https://doi.org/10.1007/978-90-368-2435-4_1

> Mijn jarenlange ervaring vertelt me (…) dat dit werk opwekkend, vruchtbaar en mooi is.
> (Korczak 2007, pag. 151)

■ Inleiding: wat gebeurt hier?

Als je voor de eerste keer een kindercentrum binnenstapt, bijvoorbeeld als aanstaande ouder of als stagiaire, weet je niet wat je ziet. Het lijkt een chaos: overal kinderen die rondkruipen of heen en weer lopen. Een baby is net uit bed gehaald en huilt, het is tijd voor haar fles. De groep is een kakofonie aan geluiden, een mengeling van geuren … Toch lijken de pedagogisch medewerkers precies te weten wat ze moeten doen. Ze overzien de chaos, ze kennen ieder kind en weten precies wanneer het tijd is voor een fles of een gezamenlijk 'tafelmoment'. De kinderen kijken steeds naar haar: waar is ze? Ziet ze mij? Wat gaat er nu gebeuren?

In een goede groep loopt alles op rolletjes. Maar dat gaat niet vanzelf; er zit een heleboel onzichtbare inspanning achter. Dat merk je wanneer je als pedagogisch begeleider in een groep komt waar het niet lekker loopt. Je voelt dat de sfeer niet goed is. Hoe komt dat? Werken de pm'ers niet goed met elkaar samen, zijn ze niet gemotiveerd of hebben ze het druk met te veel verschillende taken? Een goede observatie begint met een tijdje 'rondhangen' op de groep, zodat je de pedagogische sfeer kunt proeven en het pedagogisch klimaat kunt voelen.

Hoe meet je dat pedagogisch klimaat in de groep? Er zijn veel observatielijsten, protocollen en kwaliteitsmeters om greep te krijgen op 'de pedagogische kwaliteit' (NCKO 2011). Hiermee krijg je een systematisch overzicht van verschillende zaken, zoals de interacties of de materialen in de groep. Maar er is meer! Als je veel in de groepen komt, merk je dat je met zo'n meetinstrument de kern nog niet te pakken hebt. Want iedere groep is anders, iedere dag van de week; je weet nooit wat het volgende moment gebeurt, misschien wisselt het wel per seizoen …

De steunpilaren van de groep zijn de pm'ers. Zij vormen de basis. Hun houding, hun welzijn, hun inzet, hun opvattingen, hun kennis, hun sociale vaardigheden, hun gevoel voor humor, hun talenten en de afstemming op elkaar zijn allemaal van invloed op hun pedagogisch handelen in de groep.

Er zijn nog veel meer factoren van invloed: het gebouw, de tuin en de inrichting van de groep. Maar ook de organisatie, de roosters, de betrokkenheid van de ouders en jouw pedagogische begeleiding. Al deze zaken spelen een rol bij het werken aan een goede groep.

Wat maakt nu een groep tot goede groep? In een goede groep handelen pedagogisch medewerkers niet willekeurig en niet op eigen houtje. Ze werken samen aan de pedagogische taken van het kindercentrum. Die pedagogische taken zijn terug te vinden in de Pedagogische Doelen uit de Wet Kinderopvang. Sinds 2006 zijn alle kindercentra verplicht om deze doelen op te nemen in hun pedagogisch beleidsplan. Als begeleider werk je met de pm'ers aan de praktische toepassing van deze basisdoelen. Dit komt ook terug in het pedagogisch werkplan, waar informatie over de dagelijkse gang van zaken in de groepen staat. Soms is er ook nog een kwaliteitshandboek met taakomschrijvingen, werkinstructies en protocollen. Deze pedagogische documenten zijn zeker niet overbodig, maar ze zijn vaak abstract en algemeen. Het werken op de groep is concreet en bijzonder. Misschien kunnen we daarom het beste beginnen bij een concrete beschrijving van een dag in het kindercentrum en de buitenschoolse opvang (bso). Wat gebeurt er allemaal en welke pedagogische taken springen daarbij in het oog?

1.1 Een dag op het kindercentrum

Rondkijken

Het is vroeg in de ochtend. Ouders lopen af en aan, zwaaien voor het raam of treuzelen in de groep. Een baby wordt slapend gebracht, de ouder vertelt hoe ze de nacht doorgekomen is. Een dreumes werpt zich gillend op de grond, de ouder weet zich geen raad. Peuters begroeten elkaar met een dikke knuffel en storten zich op de huishoek waar nieuwe spulletjes op tafel liggen. De pm'er Joyce begroet ieder kind met open armen en volle aandacht. Ze neemt een huilend kind van de ouder over en houdt het stevig vast: 'Kom maar, we gaan zwaaien naar pappa.' Daarna houdt ze het kind bij zich op schoot en luistert naar een moeder die vertelt dat haar dochter vandaag door iemand anders wordt opgehaald. Haar collega Ivy houdt overzicht over de groep en weet precies wanneer alle kinderen er zijn.

In de babygroep is het rustig, er zijn zes baby's. De jongste is vier maanden, de oudste vijftien maanden. Mona zit in een grote stoel en geeft een jonge baby de fles. Wendy zit op de grond en leest een boekje voor aan een paar kinderen. De andere baby's kruipen rond. Bij de peuters is het ochtendritueel begonnen: de kinderen zitten op kleine stoeltjes in een kring. Het 'goedemorgen'-lied klinkt. Intussen deelt een grote peuter fruit rond. Sommige kinderen vertellen iets in de kring, anderen zijn stil. Joyce laat de kinderen kiezen wat ze willen doen: in het atelier werken, spelen in de hal, naar buiten of in de groep blijven. De groep splitst zich op. In de hal, het atelier en de tuin komen kinderen uit verschillende groepen elkaar tegen.

In de groep spelen kinderen winkeltje: het ene kind stopt allerlei spulletjes in een karretje en rijdt er hard mee door de ruimte. Ivy vraagt waar hij naartoe gaat en lokt hem spelenderwijs terug naar de winkel. 'Je moet toch nog betalen?', vraagt ze. Zo leidt ze het spel in goede banen en geeft het een nieuwe impuls.

Buiten klimmen de kinderen op een heuveltje en rennen naar beneden. Twee kinderen zitten elkaar met stokken achterna. Als ze gaan vechten, grijpt Joyce in: 'Wat gebeurt er nou?' Ze laat de kinderen allebei hun verhaal vertellen en vraagt wat er nodig is om weer verder te kunnen spelen.

De baby's die wakker zijn komen naar buiten. In speciale kruippakken scharrelen ze rond op een afgescheiden stuk van de tuin. Ze kijken naar de grote kinderen, trekken zich op aan de spijlen van het hek en laten zich weer zakken om verder te kruipen. Mona en Wendy zijn nabij en kijken wat de kinderen nodig hebben. Soms is een glimlach of een bemoedigend woord genoeg. Een kind dat net kan lopen, komt even uitrusten op schoot.

In de hal mogen de kinderen helpen met het dekken van de tafels. Er is lekker eten, met groenten uit de tuin. Intussen praten de kinderen met elkaar. Ivy vraagt wat ze die ochtend hebben beleefd. Ze heeft oog voor ieder kind en stimuleert dat de kinderen naar elkaar luisteren.

Na het eten volgt het slaapritueel met uitkleden, zingen en knuffelen. De kinderen die niet meer slapen worden eerst voorgelezen, dan gaan ze zelf met een boek zitten of liggen. Langzaam komt de groep tot rust.

Middagrust

Terwijl de kinderen rusten, zet Joyce de foto's van die ochtend in de groeps-App. Ze schrijft erbij hoe met het thema is gewerkt en noteert inspirerende uitspraken van kinderen. Om de beurt gaan de medewerkers met pauze, maar er is ook tijd voor een begeleidingsgesprek of een kort overleg.

De bso

Van alle kanten komen de kinderen binnenwaaien naar de bso die deel uitmaakt van een kindercentrum, een combinatie van basisschool en kinderopvang. De kleuters gaan naar hun eigen afdeling, met vaste groepen. Vanaf groep 3 zitten kinderen in een van de vier 'stamgroepen' voor zes- tot twaalfjarigen. Uit school komen ze naar de keuken. Er staat een grote tafel en aan de muur hangt een bord waarop de kinderen aangeven waar ze gaan spelen.
Christi ontvangt de kinderen enthousiast. Ze neemt de tijd om iedereen te begroeten en te vragen hoe het gaat. Als alle kinderen van de stamgroep er zijn, wordt er wat gegeten en gedronken. Christi vraagt de kinderen wie mee wil denken over de organisatie van het zomerfeest. Spontaan komen allerlei suggesties naar boven en twee kinderen geven zich op voor de feestcommissie. Wie klaar is mag opstaan. Sommige kinderen zijn al na vijf minuten klaar; ze staan te popelen om naar buiten te gaan. Anderen blijven driekwartier zitten, ze vinden het gezellig in de keuken en zoeken een recept uit om koekjes te bakken. Zo waaieren de kinderen uit over de verschillende ruimtes in en om het kindercentrum.
Twee meisjes komen naar Christi toe: 'Wat zullen we gaan doen?' Ze helpt de kinderen om zelf een keuze te maken.
Er zijn georganiseerde sport- en muziekactiviteiten in de school. Rondom het gebouw is een grote tuin, een speelplein en een grasveld met bomen. Binnen is er een 'rustige ruimte' met boeken en computers en kussens op de grond en een 'drukke' ruimte waar je tafelvoetbal en pingpong kunt spelen. Boven is een atelier waar de kinderen kunnen timmeren en zagen, maar ook knutselen en naaien. Het team van pm'ers verdeelt zich over de verschillende ruimtes. Ze laten de kinderen zo veel mogelijk zelfstandig hun gang gaan.
Het 'tafelmoment' is een belangrijk moment voor de groep als geheel. Hier probeert Christi ieder kind bij de groep te betrekken en het groepsgevoel te versterken. De kinderen hebben het erg naar hun zin hier, sommigen willen niet naar huis. Christi helpt om de overgang naar de thuissituatie soepel te laten verlopen. Ze neemt persoonlijk afscheid van ieder kind.

1.2 Pedagogische taken

In de beschrijving van deze dag lijkt alles op rolletjes te lopen, maar we weten dat dit niet vanzelf gaat. Vanaf het moment dat de kinderen binnenkomen, zien de medewerkers wat ieder kind nodig heeft en stemmen ze daar hun handelingen op af. Het ene moment zijn ze nabij om een kind te troosten, het andere moment kijken ze van een afstandje hoe de kinderen zelf op onderzoek uitgaan. Met een goede taakverdeling en een duidelijk dagritme bewaken ze de structuur binnen de groep. Steeds benoemen ze wat er gebeurt: 'We gaan nu de tafel dekken', en begeleiden ze kinderen bij de overgang naar een volgende situatie: 'Pappa komt je zo halen, ga maar vast opruimen.'

Als pedagogisch begeleider observeer je wat de pm'ers doen en hoe ze hun pedagogisch handelen op de kinderen en op elkaar afstemmen. Daarover ga je met ze in gesprek.

Al pratend ga je samen op zoek naar verbindingen tussen hun pedagogisch handelen en de pedagogische taken van het kindercentrum. Aan de hand van bovenstaande dag op het kindercentrum schetsen we hier de vier belangrijkste pedagogische taken.

1. *Een veilige relatie opbouwen*: wat doet de pm'er?

    De pm'er begroet ieder kind persoonlijk. Ze bouwt een persoonlijke relatie op met ieder kind. Dit is de belangrijkste pedagogische taak en bij alles wat ze doet speelt deze persoonlijke band een rol. Ze weet hoe het kind getroost wil worden; ze is afgestemd op ieder kind. In een groep kan de pm'er niet ieder moment op ieder kind afstemmen, maar dat hoeft ook niet. In een stabiele groep kennen de kinderen elkaar en dat geeft ze ook een gevoel van veiligheid. We hebben gezien hoe peuters elkaar begroeten met een knuffel en heerlijk samen spelen.

    Soms is het genoeg als de pm'er nabij is en rust uitstraalt. Op de grond, dichtbij de baby's of ergens in de bso-ruimte op de achtergrond. Als het nodig is komt ze in actie, bij botsingen, vragen of dreigende chaos. Ze laat merken dat ze er voor de kinderen is en dat de kinderen op haar kunnen vertrouwen.

2. *Respect tonen voor de autonomie van het kind*: wat doet de pm'er?

    De pm'er biedt ruimte aan kinderen om mee te doen met de groep. De kinderen helpen met fruit ronddelen, de tafel dekken of ze denken mee over een zomerfeest.

    De pm'er laat de kinderen kiezen wat ze willen spelen en waar. Ze laat ze ook echt vrij spelen. Als er een conflict ontstaat, bijvoorbeeld bij de kinderen die buiten met stokken gaan vechten, gaat Joyce ernaartoe en laat ze de kinderen hun verhaal doen. Ze vraagt de kinderen om mee te denken over een oplossing van het conflict.

    Bij de grotere kinderen op de bso biedt Christi nog meer ruimte: ben je klaar met eten? Dan mag je opstaan en kiezen wat je wilt gaan doen.

3. *Structuur aanbrengen in de groep*: wat doet de pm'er?

    Heel belangrijk: de pm'er zorgt op tijd voor eten! Ze volgt net als haar collega's de vaste rituelen in de groep. Eerst is er het ochtendritueel, dat begint met zwaaien naar pappa of mamma. Dan is er het kringetje bij de peuters, waarbij Joyce ieder kind bij de naam noemt. Aan het eind van de ochtend komt het ritueel van samen aan tafel gaan en zingen voor het eten, gevolgd door het slaapritueel met een boek.

    Kinderen hebben onderling ook rituelen: aan tafel spelen ze spelletjes, zoals gekke bekken trekken, met je voeten op de bank stampen of elkaar nadoen. Ook in hun spel brengen ze structuur aan door een vaste volgorde die steeds herhaald wordt. De grote peuters wijzen de jongere kinderen vaak op de regels van de groep.

    De pm'er herinnert de kinderen aan de regels. In de bso: 'Schrijf je even op het bord dat je naar buiten gaat?' Kinderen die de regels overtreden, zoals hard met een karretje door de groep rennen, brengt ze op speelse wijze weer terug in hun spelsituatie. Ze grijpt in als kinderen elkaar pijn doen. In het gesprek met de groep let ze op dat alle kinderen tot hun recht kunnen komen en dat de kinderen naar elkaar luisteren.

4. *Uitleg en informatie geven*: wat doet de pm'er?

    De pm'er benoemt alles wat ze doet. Dat begint al bij binnenkomst. 'Kom maar, we gaan zwaaien', zegt Joyce. De pm'ers benoemen wat ze zien: 'Ben je verdrietig?', 'Ben je boos?', 'Wil je even bij mij blijven?' Langzamerhand leren de kinderen om zelf de taal te gebruiken bij het uiten van hun gevoelens. Tijdens het vrije spel kan de pm'er het taalgebruik en het begrip van de wereld bij het kind verrijken. 'Moet je niet betalen?' vraagt Ivy, als de kinderen winkeltje spelen.

In een goede groep worden kinderen 'ondergedompeld' in taal: er wordt veel gepraat, gezongen en voorgelezen. De pm'ers dagen de kinderen uit om zelf te praten: 'Wat wil je op je boterham?', 'Vertel eens wat er is gebeurd?', 'Hoe was je dag op school?', 'Wie wil meedenken over het zomerfeest?' Christi van de bso-groep laat merken dat het belangrijk is wat kinderen te zeggen hebben. Ze noteert hun uitspraken in het verslag van een activiteit. Ze nodigt kinderen uit om naar elkaar te luisteren.

Kinderen leren ook veel van elkaar: ze praten elkaar na, ze hebben hun eigen manier van communiceren waarbij ze elkaar heel goed verstaan: ze spreken 'honderd talen' met elkaar. Deze uitdrukking komt uit de pedagogiek van Reggio Emilia in Italië. Er wordt mee bedoeld dat kinderen behalve de gesproken taal nog heel veel manieren hebben om zich uit te drukken: in mimiek, klanken, bewegen, kleuren, schilderen, bouwen, kleien en andere vormen van expressie. Meer hierover in ►H. 3.

Samenvatting: het geheim van een goede groep

Samen met de pm'ers ga je op zoek naar 'het geheim van een goede groep'. Dat geheim schuilt in de pm'ers zelf en in de manier waarop zij met de pedagogische taken van het kindercentrum bezig zijn. Jouw rol is: kijken en luisteren naar het pedagogisch handelen van de pm'ers en dit pedagogisch handelen koppelen aan de pedagogische taken van het kindercentrum. Het vraagt om een goede relatie tussen jou als begeleider en de pm'ers. Een relatie waarbij je wederzijds vertrouwen opbouwt en elkaars standpunten respecteert. Het gaat steeds om twee 'laagjes': de relatie van de pm'er met de groep en jouw relatie met de pm'er. In de komende vier hoofdstukken werken we deze relaties verder uit: veilige relaties (►H. 2), respectvolle relaties (►H. 3), gestructureerde relaties (►H. 4) en leerzame relaties (►H. 5).

Vragen en opdrachten

Opdracht 1
a. Wat doet de pm'er in 'Een ochtend op het kinderdagverblijf'? Noteer de drie belangrijkste pedagogische handelingen die zij uitvoert.
b. Wat doet de pm'er in 'Een middag op de bso'? Noteer drie belangrijke pedagogische handelingen die zij uitvoert.

Opdracht 2
a. Welke verschillen zie je tussen 1a en 1b?
b. Hoe verklaar je die verschillen?
c. Wat doen de pm'ers van kinderdagverblijf en bso hetzelfde?

Opdracht 3
Beschrijf in een paar zinnen de vier pedagogische taken die in dit hoofdstuk aan de orde kwamen. Vergelijk jouw beschrijving met die van een collega of deelnemer en benoem samen wat de kern van iedere taak is.

Literatuur

Korczak, J. (2007). *Het recht van het kind op respect.* Amsterdam: SWP.
NCKO (2011). *De NCKO Kwaliteitsmonitor.* Amsterdam: SWP.

Websites

Over Korczak: ▶ www.korczak.nl (11-3-2019).
Over de basisdoelen: ▶ https://www.stichtingbkk.nl/images/PKK_4_13_H7_Vier_ped_basisdoelen.pdf (14-3-2019).
Over het kindcentrum: ▶ www.nji.nl/nl/Kennis/Dossier/Integrale-kindcentra-en-brede-scholen (14-3-2019).
Over Reggio Emilia: ▶ https://www.kiddo.net/de-100-talen-van-kinderen/1027080 (15-3-2019).

Veilige relaties

2.1 In gesprek met Tamara: 'Echt asociaal' – 10
Hoe raak je in gesprek? – 10

2.2 Blik op het pedagogisch handelen – 12
Asociaal is lomp – 12
Asociaal is onbetrouwbaar – 13
Asociaal is gevaarlijk – 13
Asociaal is onmaatschappelijk – 13
Asociaal is onaangepast – 14
Asociaal is onveilig – 14
Veilige relatie in het gesprek – 15

2.3 In gesprek met Fleur: 'Ze piepen zo!' – 15
Hoe raak je in gesprek? – 15

2.4 Blik op het pedagogisch handelen – 17
Niks aan de hand – 17
Rustig en aandachtig – 17
Diep zuchten en langzaam en bewegen – 17
Zingen – 18
Daar heb je wel tijd voor – 19
Steun voor de groep – 19
Algehele verbetering – 19
Veilige relatie in het gesprek – 20

Literatuur – 21

© Bohn Stafleu van Loghum is een imprint van Springer Media B.V., onderdeel van Springer Nature 2020
I. Van Rijn, *Pedagogiek in de vingers*, https://doi.org/10.1007/978-90-368-2435-4_2

Laten we mislukkingen en tranen van het kind respecteren!

(Korczak 2007, pag. 157)

Inleiding: is de pm'er sensitief en responsief?

Bij het pedagogisch handelen in de groep draait het om relaties. In ▶H. 1 hebben we gezien dat een veilige relatie opbouwen met ieder kind de belangrijkste pedagogische taak is van de pm'ers. In dit hoofdstuk kijken we aan de hand van twee gesprekken tussen begeleider en pm'er wat je samen kunt doen om veilige relaties in de groep te bevorderen. We beperken ons hier tot het begrip emotionele veiligheid binnen de groep. Ieder kind heeft veiligheid en liefdevolle aandacht nodig. Een jonge baby heeft allereerst een vertrouwd gezicht en een bekende stem nodig om een veilige gehechtheidsrelatie op te bouwen. Er moet tijd en ruimte zijn om elkaar te leren kennen (Van Rijn 2016). Zo kan de pm'er ontdekken wie het kind is en hoe ze het beste met dit kind om kan gaan. Hierdoor voelt het kind zich begrepen en dat geeft een veilig gevoel (Gevers 2017).

De pm'ers zijn de belangrijkste bron van veiligheid in de groep. Ze merken de signalen op die kinderen uitzenden en begrijpen wat het kind duidelijk wil maken (sensitiviteit). Ze laten merken dat ze het kind begrijpen (responsiviteit). Met positieve interacties stellen ze de kinderen op hun gemak en versterken hun zelfvertrouwen. Ook kinderen die boos zijn of druk, hebben behoefte aan begrip en erkenning. De taak van de pm'ers is om ieder kind een plek te geven binnen de groep. Zij laat de kinderen weten: 'Je mag het steeds opnieuw proberen. Iedereen hoort erbij' (Singer en Kleerekoper 2016).

De pm'ers stimuleren dat kinderen onderling met elkaar in contact komen en zich veilig voelen bij elkaar. Hierdoor ontstaat een fijne sfeer in de groep, waar kinderen vertrouwd raken met elkaar en samen plezier kunnen maken. De vaste ritmes en rituelen versterken het gevoel van veiligheid in de groep, net als een overzichtelijke indeling van de ruimte.

2.1 In gesprek met Tamara: 'Echt asociaal'

Hoe raak je in gesprek?

Veiligheid gaat voor alles. Als er een onveilige situatie op de groep dreigt, kijk daar dan eerst naar met de pm'ers. Soms gaat het over een acuut probleem met een kind dat de pm'ers erg bezighoudt. Je kunt dan je eigen agendapunten beter even opzijzetten en eerst op hun vraag ingaan. Vaak kom je via een vraag over een kind tot een goed gesprek over het pedagogisch handelen van de pm'ers. Door hun vragen serieus te nemen, wek je vertrouwen bij de pm'ers. Dit gesprek met Tamara gaat over een dringende vraag die zij heeft.

> **Echt asociaal**
>
> 'Er moet echt iets aan dit kind gedaan worden!'
>
> *Wie is 'dit kind' Tamara?*
> Damian, een peuter van ruim drie. Hij komt van een ander dagverblijf en zit hier nu drie maanden.
>
> *Waarom wil je dat Damian weggaat?*
> Sorry, maar dit kind is echt asociaal. Ik ben niet de enige die dat vindt, maar ik zeg het nu hardop.

2.1 · In gesprek met Tamara: 'Echt asociaal'

Je zegt 'asociaal', wat bedoel je daar precies mee?
Hij terroriseert de hele groep: slaat er op los, bijt en duwt andere kinderen. Gisteren kreeg ik een dreun tegen mijn hoofd. Ik ben echt wel wat gewend, maar dit ... ik kon wel janken.

Hij gaat met zijn gedrag over jouw grenzen ...
Niet alleen bij mij! Alle ouders klagen, hun kinderen komen thuis met blauwe plekken, met bijtwonden. Ze willen weten wie de 'dader' is.

Dat ga je ze toch niet vertellen?
Nee, dat doen we nooit. Maar de kinderen zeggen het zelf; ze zijn bang voor Damian. We noteren ieder incident en zeggen de ouders dat we het in ons groepsoverleg bespreken.

Heb je de ouders van Damian er op aangesproken?
Moeder ontkent alles. Ze zegt dat hij thuis heel lief is.

En vader?
Die zien we nooit.

Wat is jouw indruk van de thuissituatie?
Hmm, ik weet het niet. Moeder is altijd gehaast en kortaf. Ze wilde niet zeggen van welke crèche hij komt. Dat vind ik raar.

Bij een kind dat slaat, kan sprake zijn van geweld in de thuissituatie. Wil je eens opzoeken naar welk consultatiebureau moeder gaat? Misschien kunnen we samen een oudergesprek doen. Vertel jij dan dat Damian hier weg moet als er niet heel snel actie ondernomen wordt? Anders heb ík het gedaan.

Zo ver is het nog niet. We gaan dit stap voor stap aanpakken. Waar zijn de observaties van Damian?
Nou, we hebben dus geen overdracht van de vorige crèche en moeder heeft de toestemmingsformulieren nog steeds niet getekend.

Hoe denk je dat Damian zich voelt in de groep?
... (stilte)

Je zegt niks, maar ik zie tranen in je ogen.
Ik heb zo mijn best gedaan om contact met hem te krijgen, maar het enige dat ik terugkrijg is een klap voor mijn kop.

Logisch dat je het daar moeilijk mee hebt. Ik denk dat Damian juist jou slaat omdat jij hem het dichtst genaderd bent.
Ja, hij slaat van zich af.

En hij bijt van zich af. Uit angst.
Oké, ik ga hem observeren. Ik vind dit echt heel moeilijk, maar ik wil hem nog een kans geven.

Prima. Probeer een beetje afstand te bewaren. Hoe hij zich ook misdraagt, blijf hem als Damian zien, een bange peuter die zijn omgeving niet vertrouwt (Van Rijn 2018a).

◘ **Figuur 2.1** De pm'er biedt veiligheid

2.2 Blik op het pedagogisch handelen

Aan de hand van bovenstaand gesprek gaan we dieper in op de veilige relaties binnen de groep. Een veilige relatie van dit kind met de pm'ers (zie ◘fig. 2.1) en de andere kinderen is hier ver te zoeken. We kijken naar het pedagogisch handelen van Tamara in relatie tot de eerste pedagogische taak: veiligheid bieden. We kijken ook naar de manier waarop jij je als begeleider opstelt: hoe werk je aan een veilige relatie met deze medewerker?

Asociaal is lomp

Het eerste wat Tamara over het kind zegt is: '*Hij moet hier weg, hij is asociaal.*' Dit komt over als een totale afwijzing van het kind. Hier is waarschijnlijk heel wat aan vooraf gegaan; zoiets zeg je niet snel over een peuter van drie. Tamara zegt zelf: '*Ik ben echt wel wat gewend, maar dit …*'

Als begeleider wil je eerst duidelijkheid: om welk gedrag gaat het en hoe is Tamara daarmee omgegaan? *'Wat bedoel je met asociaal?'* Je benoemt dat het hier om gedrag gaat en koppelt dit los van wie het kind is. Je kunt het gedrag asociaal noemen, maar het kind niet. Damian heeft veiligheid en acceptatie nodig. De pm'ers moeten proberen om hem een veilige plek in de groep te geven.

Asociaal is onbetrouwbaar

Een vertrouwensband opbouwen gaat niet met ieder kind even gemakkelijk. Bij sommige kinderen kost het veel tijd, geduld en zelfoverwinning. Tamara vertelt hoe Damian zich 'misdraagt' in de groep. Het is haar niet gelukt om zijn vertrouwen te winnen. De eerste stap op weg naar een vertrouwensband is: wijs het kind niet af! Blijf proberen om contact te maken, om hem te leren kennen. Laat het kind steeds opnieuw merken: ik ben er voor jou, je kunt mij vertrouwen.

Het enige wat we over Damian te horen krijgen is dat hij iedereen slaat, schopt en bijt. Zowel de kinderen als de pm'er. Jouw rol als begeleider is hier om door te vragen. Vertoont hij dit gedrag de hele dag en bij alle pm'ers? Zijn er ook situaties waarin het beter gaat? Wat heb je precies gedaan om contact met hem te krijgen? Zijn er momenten waarop dit wel lukte? Hoe ging dat? Probeer er samen met Tamara achter te komen wat voor Damian de moeilijke momenten zijn en wat hij met zijn gedrag duidelijk wil maken. Je helpt Tamara hiermee om met een brede blik naar het kind in de groep te kijken.

Asociaal is gevaarlijk

De situatie zoals Tamara die schetst is alarmerend: hier ontbreekt ieder gevoel van veiligheid. Het kind voelt zich niet veilig, de veiligheid van de groep komt in gevaar en Tamara zelf is de wanhoop nabij. Laat je als begeleider niet meetrekken in de situatie, maar houd afstand. Je checkt of Tamara het kind in bescherming heeft genomen tegen de andere ouders. Zo voorkom je dat Damian als 'dader' wordt gebrandmerkt; dat zou het gevoel van onveiligheid bij iedereen nog groter maken.

In de groep kijken kinderen steeds naar de pm'ers en letten goed op wat zij doen. Ze zien welke kinderen complimentjes krijgen en gaan het gedrag van deze kinderen imiteren. Ze zien ook welke kinderen steeds gecorrigeerd worden. Als alle pm'ers steeds roepen: 'Nee Damian, niet doen!', zullen andere kinderen dit overnemen. Het gevaar bestaat dat Damian de zondebok van de groep wordt. Hij krijgt automatisch bij ieder conflict de schuld.

Ga als begeleider zelf in de groep kijken, zonder dat je van tevoren weet wie Damian is. Observeer de interacties in de groep en voel de sfeer: is het klimaat hier veilig voor alle kinderen? In het gesprek kan je jouw observaties naast die van Tamara leggen.

Asociaal is onmaatschappelijk

Om een veilige relatie op te bouwen is samenwerking met de ouders onmisbaar. Hoe zit het met de thuissituatie van Damian? Het lijkt erop dat de ouder contact vermijdt en dat het Tamara nog niet is gelukt om een vertrouwensrelatie met de ouder op te bouwen.

Als begeleider moet je hier ook doorvragen om een scherper beeld te krijgen. Hoe gaat het met brengen en ophalen? Hoe is de wenperiode verlopen? Samen met Tamara zoek je naar mogelijkheden om wel contact te krijgen met de ouder: via een oudergesprek en via het consultatiebureau. Het gedrag van Damian kan ook een signaal zijn van huiselijk geweld of kindermishandeling. Maak samen met Tamara een stappenplan om de veiligheid van dit kind te vergroten.

Andere ouders die signaleren dat er een probleem is in de groep, gaan hier met elkaar over praten. Daarom is het belangrijk dat Tamara en haar collega in gesprek blijven met alle ouders. Ze kunnen bijvoorbeeld aan de ouders vertellen dat de pedagogisch begeleider met hen aan een oplossing werkt. Zo voorkom je dat steeds meer ouders een onveilig gevoel krijgen en het probleem groter wordt dan het al is.

Asociaal is onaangepast

Al is de situatie nog zo moeilijk, de eerste pedagogische taak is om een vertrouwensband op te bouwen. We moeten erachter zien te komen wat er in Damian omgaat. Hoe voelt hij zich in de groep? Hoe staat het met zijn welbevinden op verschillende momenten van de dag?

Als begeleider help je Tamara om met andere ogen naar het kind te kijken: het is geen asociaal kind, maar een bange peuter. Hij doet anderen pijn uit angst of omdat hij geen andere manieren heeft om zich te uiten. Je vraagt haar om haar eigen emoties opzij te zetten en met een open blik naar Damian te kijken.

Door zelf ook in de groep te observeren, krijg je een nauwkeurig beeld van de situatie. Je kunt in het gesprek 'gevaarlijke' momenten benoemen, waarop meer veiligheid nodig is. Dit zijn vaak overgangssituaties, zoals voor of na het eten, wanneer het voor een kind onoverzichtelijk is in de groep.

Let op dat je als begeleider niet gaat vertellen wat Tamara volgens jou moet doen, maar bespreek samen jouw vragen. Wat zou je in zo'n situatie nog meer kunnen doen? Snapt hij hoe het wél kan? Hoe geef je hem meer vertrouwen? Hoe laat jij hem merken dat je niet boos meer bent? Je kunt Tamara vragen om elke dag drie positieve interacties met Damian te benoemen. Blijf zelf vertrouwen en geloof in dit kind uitstralen: in ieder kind zitten goede eigenschappen.

Asociaal is onveilig

In de groep kan Tamara niet de hele tijd met Damian bezig zijn; de veiligheid in de groep moet ook gewaarborgd worden. *'Ze zijn bang voor Damian'*, zegt Tamara.

Hier kun je je kritisch opstellen. Zijn alle kinderen bang voor Damian of zijn er ook kinderen die zich niets van hem aantrekken? Je vraagt Tamara om samen met haar collega te kijken welke kinderen geen botsingen met Damian hebben. Vervolgens bespreek je hoe je dit kunt gebruiken om de veiligheid binnen de groep te vergroten. Bijvoorbeeld door Damian te laten spelen met kinderen die niet bang voor hem zijn.

Je wijst Tamara erop dat ze er niet alleen voor staat. Hoe is de taakverdeling met haar collega? Kan de ene pm'er extra op Damian letten, terwijl de ander het overzicht op de groep houdt? Hiermee geef je concrete tips om de veiligheid in de groep te vergroten.

Veilige relatie in het gesprek

Wat doe jij in dit gesprek om Tamara een veilig gevoel te geven? Allereerst ben je er helemaal voor haar in dit gesprek. Je stelt open vragen '*Wat bedoel je precies …? Wat is jouw indruk …?*' en toont begrip voor haar emoties: '*Logisch dat je het daar moeilijk mee hebt.*' Maar daar blijft het niet bij: je stimuleert haar ook om afstand te nemen van haar emoties '*Probeer een beetje afstand te bewaren*' en haar blik op de situatie te verruimen. Je geeft hierbij concrete aanwijzingen: '*We gaan dit stap voor stap aanpakken; blijf hem als Damian zien, een bange peuter.*' Voor het opbouwen van een vertrouwensband met de ouder bied je concrete hulp aan: '*Misschien kunnen we samen een oudergesprek doen.*' Hiermee laat je haar merken dat ze er niet alleen voor staat.

Als begeleider blijf je aan de pedagogische taak vasthouden. Je laat zien dat je achter de pm'er staat. Tegelijkertijd stimuleer je haar om zich op de pedagogische taak van het kindercentrum te richten. Die pedagogische taak helpt jullie om het probleem aan te pakken. Zo kun je samenwerken om de relaties binnen de groep veiliger te maken.

2.3 In gesprek met Fleur: 'Ze piepen zo!'

Hoe raak je in gesprek?

Als begeleider krijg je niet alleen vragen van pm'ers, maar ook vanuit het management. In deze paragraaf bespreken we een vraag van de locatiemanager van een kindercentrum. Haar kantoor is op de begane grond, naast twee babygroepen. Het valt haar op dat de baby's van een groep veel huilen. Ze vraagt aan jou om deze groep te observeren. Je neemt in kijkje in de babygroep. De sfeer is er niet echt ontspannen, al huilt er op dat moment niemand. Daarna praat je met Fleur, een vaste pm'er van de babygroep. Je vraagt hoe zij de sfeer in de groep ervaart.

Ze piepen zo!

We hebben echt veel moeilijke baby's in onze groep.

Hoeveel en hoe moeilijk, Fleur?
Ze huilen terwijl er niks aan de hand is.

Echt niks?
Eerlijk. Neem Milou, als je haar even neerlegt begint ze te piepen.

Bedoel je dat ze dan gaat huilen?
Nou, het begint met piepen, maar als madam niet snel opgepakt wordt, zet ze het op een krijsen.

En verder?
Pascal slaapt heel slecht, dus die is heel snel geïrriteerd en huilt de hele dag om niks.

Dat zijn er al twee.
Ja, dit zijn de kleintjes. Dan hebben we Olaf en Vivianne, die zijn allebei super eenkennig. Ik hoef me maar om te draaien en het is al mis. Zo vermoeiend!

Ik zag net twee dreumesen, een tweeling?
Ja, de tweeling. Ze steken elkaar aan. Als de een begint, gaat de ander ook huilen.

Nou, ik snap dat dit pittig is voor jou en je collega. Voor een baby zijn dit allemaal 'goede redenen' om te huilen, maar alles bij elkaar ... Zou het iets met elkaar te maken hebben?
Ja, de hele sfeer in de groep is onrustig, bedoel je dat? Debbie en ik raken er ook gestrest van.

Als jullie gestrest raken, wat voor effect zou dat op de kinderen kunnen hebben?
Ik denk dat zij daar ook niet op zitten te wachten, maar het ís gewoon heel druk!

Zijn er ook rustige momenten op de dag?
Nee, eigenlijk niet. Debbie heeft last van haar rug, dus ik loop de hele dag te rennen.

Hoe kun jij meer rust in de groep creëren?
Meer rust (zucht), ik zou niet weten waar ik dat vandaan moet halen.

Uit jezelf.
Hoe dan?

Als je eens begint met langzamer bewegen en zachter praten? Dat geeft rust in je hoofd en in de groep.
Langzamer bewegen? Dan kom ik nooit aan al mijn taken toe.

Wat is jouw belangrijkste taak?
De kinderen.

Wat hebben zij het meeste nodig?
Aandacht. Maar dat vragen ze allemaal tegelijk en ik vlieg van de een naar de ander.

Is dat wat ze nodig hebben, een vliegende pm'er?
Nee, maar als ze allemaal huilen dan weet ik gewoon niet waar ik moet beginnen.

Begin bij jezelf, zodat je rust uitstraalt in de groep. Als jij rustig bent, voelen de kinderen zich veilig. Kijk eerst goed naar een kind, voordat je reageert.
Maar Debbie kan niet tillen, dus moet ik steeds inspringen.

Dat klinkt erg onrustig. Weten jullie dat zingen ook een sfeer van rust en verbondenheid geeft in de groep?
Haha, dat lijkt me leuk voor Debbie, die is daar echt beter in dan ik.

Hebben jullie een goede taakverdeling? Dat helpt ook om de dag soepel te laten verlopen.
Geen tijd voor gehad, maar deze week hebben we werkoverleg met de manager.

Vraag dan ook om een training voor de pm'ers van de babygroepen. Daar leer je hoe je de baby meer aandacht kunt geven tijdens het eten, verschonen en in bed leggen. Je zult zien dat jullie er meer plezier in krijgen en dat de baby's minder huilen.
Pff ..., ook nog naar een training? Kun jij ons dat niet leren?

Ik kom jullie coachen op de groep bij het uitvoeren van de opdrachten. We gaan de inrichting van de groep verbeteren, zodat die meer rust en veiligheid biedt. Maar de belangrijkste bron van rust en veiligheid voor de baby's ben jij (Van Rijn 2018b).

2.4 Blik op het pedagogisch handelen

Net als in de vorige casus bespreken we hier de eerste pedagogische taak van de pm'ers: zorgen voor een gevoel van veiligheid binnen de groep. Daarvoor is een sensitieve houding van de pm'er het belangrijkste; die vormt de basis voor al het pedagogisch handelen. We bespreken ook hoe je als begeleider afstemt op deze medewerker. Voelt zij zich door jou begrepen en is er een veilige sfeer in het gesprek?

Niks aan de hand

Volgens Fleur huilen de baby's *'terwijl er niks aan de hand is'*. Maar uit haar beschrijving begrijp je dat er bij iedere baby wel degelijk een reden is. Milou wil opgepakt worden, Pascal is moe en misschien overprikkeld. Ook de andere baby's hebben behoefte aan troost of geruststelling door een vertrouwd persoon. Ze huilen niet voor niets.

Als begeleider kun je over ieder kind doorvragen: welke signalen geeft het en hoe ga je daarop in? Maar je kijkt eerst naar de groep als geheel en naar het pedagogisch handelen van Fleur en Debbie. Wat doen zij om een veilige sfeer in de groep te creëren en ieder kind gerust te stellen?

Rustig en aandachtig

Fleur en Debbie zijn zelf de belangrijkste bronnen van veiligheid voor de baby's. Eigenlijk is het heel simpel: hun rustige nabijheid als vertrouwd persoon stelt de baby's op hun gemak (zie ◘ fig. 2.2). Maar wanneer zij rondrennen en zich opgejaagd voelen, slaat dit over op de baby's. Baby's zijn hier heel gevoelig voor. Ze hebben liefdevolle aandacht nodig van iemand die ze vertrouwen. In de loop van het eerste levensjaar ontwikkelen de meeste baby's een voorkeur voor vertrouwde gezichten. Dit zijn de vaste verzorgers aan wie het kind gehecht raakt. Veel baby's maken een periode van eenkennigheid door. Dan wenden ze zich af als ze een vreemd gezicht zien of ze gaan huilen als ze de vertrouwde persoon niet zien (Vermeer en Groeneveld 2017). Samen met Fleur kijk je wat ze nodig heeft om rustiger en aandachtiger te worden in haar pedagogisch handelen.

Diep zuchten en langzaam en bewegen

Met de diepe zucht in het gesprek geeft Fleur eigenlijk zelf al antwoord op de vraag die ze net stelde: '*Waar haal ik die rust vandaan?*' Misschien gelooft ze het niet, maar juist door rustiger aan te doen, werkt ze meer aan haar belangrijkste pedagogische taak.

Als begeleider herinner je Fleur aan die pedagogische taak: '*Wat hebben de kinderen nodig?*' Een vertrouwde pm'er die afgestemd is op het gevoel en het tempo van ieder kind, die tijd en aandacht voor de kinderen heeft. Een vriendelijke pm'er die het kind met zachte stem toespreekt en met zachte handen optilt. Een welwillende pm'er, die ze knuffelt en met ze lacht, die nabij is en ziet wat ze nodig hebben.

◘ **Figuur 2.2** Nabijheid van de pm'er

Zingen

Er zijn babygroepen waar de pm'ers de hele dag lopen te zingen. Niet iedere pm'er kan dit opbrengen, dat merk je ook aan de reactie van Fleur. Zingen hoort wel in het dagritme van iedere groep: een liedje aan tafel, voor het slapen, bij het aankleden en bij het naar buiten gaan. Dit helpt jonge kinderen om de volgorde van gebeurtenissen in het dagritme te leren kennen. Het geeft een gevoel van verbondenheid in de groep, dat heel belangrijk is voor een goede sfeer en een veilig gevoel.

Als begeleider voel je de weerstand van Fleur. '*Dat lijkt me leuk voor Debbie, die is daar echt beter in dan ik*', zegt ze. Zoiets overstijgt jouw rol als begeleider, dit vraagt om een bredere aanpak. Kijk hoe je samen met de locatiemanager het zingen op de agenda van het team kunt krijgen. Misschien zijn daar enthousiaste pm'ers die hun collega's 'meetrekken'.

Daar heb je wel tijd voor

Fleur geeft aan dat er eigenlijk geen rustige momenten meer zijn op de groep. Hoe kan dat? Is het echt de hele dag zo druk of is dit in haar beleving zo? Beleeft zij het verschonen van een baby als een druk moment of een rustig moment? Het zou een rustig moment kunnen zijn, waarop je gezellig met een kind kletst en speelt. Hoe voelt Fleur zich als ze Milou of Pascal de fles geeft? Doet ze dit ontspannen en met aandacht, erop vertrouwend dat Debbie op de andere kinderen let?

Als begeleider onderzoek je samen met de pm'ers hoe zij zich het beste aan hun pedagogische taak kunnen wijden. Niet alleen door erover te praten, maar ook door de groep regelmatig te bezoeken. Je observeert hoe de pm'ers te werk gaan en kijkt of ze voldoende toegerust zijn om deze pedagogische taak uit te voeren: veilige relaties opbouwen in de groep. Misschien kunnen ze 'op babycursus' om hun babydeskundigheid te vergroten.

Steun voor de groep

Een goede taakverdeling en een stabiel dagritme helpen enorm bij het werken aan een veilig klimaat in de groep. Baby's leren al heel snel de volgorde van gebeurtenissen in het dagritme herkennen. Dat geeft ze houvast. Voor een rustig verloop van de dag is het heel belangrijk dat er niet te veel in- en uitloop is in de groep. Sommige kinderen raken van streek door deuren die steeds open en dicht gaan. Een veilige babygroep biedt beschutting tegen te veel prikkels van buiten.

Als begeleider moet je soms wat langer op de groep blijven om de sfeer te voelen en het verloop van een dag(deel) mee te maken. Je ziet dan ook hoe de taakverdeling tussen Fleur en Debbie hun pedagogisch handelen beïnvloedt.

Soms krijgen pm'ers allerlei extra taken, waardoor ze van hun pedagogische taak worden afgeleid. Als je dit signaleert, bespreek dat dan met de locatiemanager. Zij heeft het overzicht op alle taken en moet ervoor zorgen dat de pedagogische taken van het kindercentrum niet in het gedrang komen.

Algehele verbetering

De wet Innovatie en Kwaliteit Kinderopvang (IKK) die vanaf 2019 wordt ingevoerd, biedt mogelijkheden om de pedagogische kwaliteit van de baby opvang te bevorderen.

Als we kijken naar de eerste pedagogische taak: het bevorderen van veilige relaties in de groep, zijn de volgende maatregelen van belang:
- Een beperkt aantal vaste gezichten op de groep bevordert de veilige gehechtheid van een baby aan haar vaste verzorger.
- Met drie in plaats van vier baby's per pm'er komt er meer tijd voor een-op-eencontact met ieder kind en kan de vertrouwensband groeien.
- Het 'mentorschap' over kinderen en hun ouders geeft meer gelegenheid om elkaar goed te leren kennen.
- Met extra scholing voor pm'ers van babygroepen leren de pm'ers nieuwe mogelijkheden in het werken met baby's kennen.

Veilige relatie in het gesprek

Wat doe jij in dit gesprek om Fleur een veilig gevoel te geven tijdens dit gesprek? Al ben je gekomen op verzoek van de locatiemanager, je staat open voor haar verhaal en toont begrip voor de situatie: '*Ik snap dat dit pittig is voor jullie.*' Je gaat niet helemaal mee in haar verhaal, je wijst ook steeds op de kinderen: '*Voor een baby zijn dit allemaal goede redenen om te huilen. Als jullie gestrest raken, wat gebeurt er dan met de kinderen? Wat hebben zij het meeste nodig?*' Je verwijst hier steeds naar de pedagogische taak van de groep: veiligheid bieden.

Fleur lijkt helemaal in beslag genomen door de drukte van alledag: '*Het is gewoon heel druk! Ik loop de hele dag te rennen. Ik weet niet waar ik moet beginnen!*' Hier ga je als begeleider niet in mee. Met je vragen stimuleer je Fleur om zelf een uitweg uit de drukte te vinden: '*Zou het iets met elkaar te maken hebben? Zijn er ook rustige momenten op de dag? Hoe kun jij meer rust in de groep creëren?*'

Het heeft geen zin om direct tips en oplossingen aan te dragen; dan mis je de afstemming op de ander. Pas op het moment dat Fleur zegt: '*Ik zou het niet weten*' of vraagt: '*Hoe dan?*' kom je met concrete suggesties om de rust in de groep te bevorderen. '*Als je eens begint met ...*'. Je merkt ook weerstand bij Fleur: ze staat niet te springen om te gaan zingen of om een training te volgen. Je kunt dit niet opleggen of afdwingen, je geeft mogelijkheden aan, bijvoorbeeld: '*Dat geeft rust in je hoofd en in de groep*', waarmee je verwijst naar de belangrijkste pedagogische taak van de groep.

Ten slotte: een onrustige groep verander je niet in één gesprek. Het vraagt om observaties, gesprekken met de pm'ers, dingen uitproberen en samen nadenken. Betrokkenheid van het management is ook nodig om de groep te steunen. Dus denk niet dat je met een pasklaar antwoord hoeft te komen. Er is geduld en samenwerking nodig.

Samenvatting: vertrouwen en nabijheid

In dit hoofdstuk heb je gezien hoe je in gesprekken met de pm'ers het pedagogisch handelen koppelt aan de eerste pedagogische taak: aan veilige relaties werken in de groep. De situaties in de groep zijn verschillend. Tamara, die het moeilijk heeft met het gedrag van Damian, of een babygroep waar onrustige baby's en drukke pm'ers elkaars gedrag lijken te versterken. In beide situaties stuur je als begeleider het gesprek richting de pedagogische taak: veilige relaties in de groep. Als pm'ers met een acuut probleem zitten, willen ze snel een oplossing: '*Dit kind moet hier weg.*' Soms verwachten ze die oplossing van jou. De kunst is om hier niet in mee te gaan, maar wel begrip te tonen en ondersteuning te bieden. Door steeds je vertrouwen in de pm'er uit te spreken, groeit haar zelfvertrouwen. Het zelfvertrouwen van de pm'ers is de bron van veilige relaties in de groep.

Vragen en opdrachten

Opdracht 1
a. Vraag twee pm'ers om samen een Plan van Aanpak voor Damian te maken. Welke stappen gaan ze zetten: met het kind, de ouder en de groep? Bespreek dit plan met ze en benoem daarbij het pedagogisch handelen en de pedagogische taken van het kindercentrum.
b. Hoe kun je de pm'ers helpen om breder te kijken dan alleen naar het gedrag van het kind? Formuleer drie concrete aanwijzingen voor de pm'ers.
c. Oefen met een collega of deelnemer een gesprek met Tamara over Damian. De een neemt de rol van begeleider op zich, de ander die van Tamara.

Wissel na afloop uit hoe jullie je voelden tijdens het gesprek. Wat vond je prettig? Wat had je liever anders gewild? Wissel hierna van rol.

Opdracht 2
a. Noteer drie 'goede redenen' voor een baby om te huilen.
b. Vergelijk jouw redenen met die van een collega of deelnemer.
c. Bespreek met elkaar tips die je de pm'er kunt geven om hiermee om te gaan.

Opdracht 3
a. Noem drie maatregelen uit de wet IKK om de kwaliteit van babyopvang te verbeteren.
b. Onderzoek hoe deze maatregelen in jouw organisatie worden toegepast en noteer wat hierover in het beleid staat. Kijk bijvoorbeeld in het Pedagogisch beleidsplan.
c. Wat zijn 'mentorkinderen' en hoe werkt dit in de praktijk van de groepen die jij begeleidt?

Literatuur

Gevers, M. (2017). Emotionele veiligheid. In R. Fukkink (Red.), *Pedagogisch curriculum voor het jonge kind in de kinderopvang* (pag. 18–20). Houten: Bohn Stafleu van Loghum.
Korczak, J. (2007). *Het recht van het kind op respect.* Amsterdam: SWP.
Singer, E., & Kleerekoper, L. (2016). Veiligheid en welbevinden. In E. Singer & L. Kleerekoper (Red.), *Pedagogisch kader kindercentra 0–4 jaar* (pag. 32–40). Houten: Bohn Stafleu van Loghum.
Van Rijn, I. (2016). Wennen, begroeten en afscheid nemen. In E. Singer & L. Kleerekoper (Red.), *Pedagogisch kader kindercentra 0–4* jaar (pag. 125–135). Houten: Bohn Stafleu van Loghum.
Van Rijn, I. (2018a). In dialoog met de pedagoog. Sorry, maar dit kind is echt asociaal! *Kinderopvang, 28*(5), 29.
Van Rijn, I. (2018b). In dialoog met de pedagoog. Ze piepen zo. *Kinderopvang, 28*(10), 29.
Vermeer, H., & Groeneveld, M. (2017) Gehechtheid. In R. Fukkink (Red.), *Pedagogisch curriculum voor het jonge kind in de kinderopvang* (pag. 21–26). Houten: Bohn Stafleu van Loghum.

Websites

Over aandacht voor baby's: Dr. Edward Tronick's *Still Face Experiment* op ▶ https://www.youtube.com/watch?v=YTTSXc6sARg (25-3-2016).
Over de wet IKK zie ▶ https://www.kinderopvangtotaal.nl/lijst-met-goedgekeurde-babyscholing-uitgebreid/ (14-5-2018).
Over het Pedagogisch kader: ▶ https://www.stichtingbkk.nl/pedagogisch-curriculum/focus-op-pedagogisch-kader.html (20-3-2019).

Respectvolle relaties

3.1 In gesprek met Patricia: 'Geen Reggio-fan' – 24
Hoe raak je in gesprek? – 24

3.2 Blik op het pedagogisch handelen – 25
Zo doen we dat hier al jaren – 26
Even het kind pakken en aan tafel zetten – 26
Nog drie knutsels te gaan – 27
Een-op-eenaandacht en gezellig samenzijn – 27
Baby's kunnen nog niet veel zelf – 28
Lekker met de handjes in de verf – 28
Respectvolle relatie met de pm'er – 28

3.3 Spelen met duplo in het peuterteam – 29

3.4 Blik op het pedagogisch handelen – 30
Zelf speelsheid ervaren – 30
In de groep – 31
Eigen creativiteit – 32
Respect voor verschillen – 32

Literatuur – 33

© Bohn Stafleu van Loghum is een imprint van Springer Media B.V., onderdeel van Springer Nature 2020
I. Van Rijn, *Pedagogiek in de vingers*, https://doi.org/10.1007/978-90-368-2435-4_3

We zouden respect moeten hebben voor elk afzonderlijk ogenblik, want het sterft en wordt niet herhaald

(Korczak 2007, pag. 159)

■ Inleiding: respect ... hoezo respect?

Het klinkt mooi, respectvolle relaties binnen de groep, maar hoe werk je daar samen met de pm'ers aan? In dit hoofdstuk kijken we hoe je als begeleider in concrete situaties deze pedagogische taak onder de aandacht brengt en versterkt. Eerst een korte omschrijving van wat we onder respectvolle relaties verstaan.

Respect is een woord dat je overal tegenkomt en dat te pas en te onpas door iedereen gebruikt lijkt te worden. Hoe vaak hoor je niet: 'Ik voel me niet gerespecteerd', 'Je moet respect hebben voor ...' of soortgelijke uitspraken. De pedagoog Korczak wijdde zijn leven aan de pedagogiek van het respect. Volgens hem is een respectvolle houding de enige manier om een goede relatie op te bouwen met kinderen. Letterlijk betekent respect 'omzien naar' (Berding 2018, pag. 32–61). Wat vraagt dit van de pm'er? Allereerst dat zij de eigenheid van ieder kind erkent en ruimte biedt voor wat het kind zelf aangeeft, bijvoorbeeld tijd en ruimte voor de baby om zelf te bewegen, peuters zelf te laten kiezen wat ze willen spelen en met wie, kinderen zelf hun verhaal laten doen en daar echt naar luisteren. Ten tweede betekent het kinderen serieus nemen als deelnemer in de groep. Ze mee laten denken en de kans geven om zelf verantwoordelijkheid te dragen. Vanuit de respectvolle relaties met kinderen ontstaat een sfeer van verbondenheid in de groep, waarin kinderen zich spontaan durven uiten (Berding et al. 2010, pag. 52–87). Ze verzinnen de meest grappige dingen en dagen elkaar uit in een vrolijke, ontspannen sfeer.

3.1 In gesprek met Patricia: 'Geen Reggio-fan'

Hoe raak je in gesprek?

Als begeleider ken je de pedagogische stromingen in de kinderopvang en ben je betrokken bij de toepassing ervan in de praktijk. Je komt in een kindercentrum waar ze met de pedagogiek uit Reggio Emilia (zie ▶par. 1.2) willen werken. Met het team heb je drie scholingsavonden gevolgd over de Reggio-werkwijze. Samen hebben jullie als eerste doel gekozen: meer ruimte geven aan de creativiteit van kinderen. Sommige pm'ers zijn hier enthousiast mee aan de slag gegaan, maar er zijn ook groepen waar het niet van de grond komt. Voordat je een gesprek hebt, wil je observeren welke activiteiten in de groepen worden gedaan. In de babygroep raak je spontaan in discussie met Patricia.

Geen Reggio-fan

Kijk, we maken een knutsel voor moederdag. Een groot kartonnen hart en als je het openmaakt zie je een kusje of handje van de kindjes. Schattig hè?

Patricia, hoe denk je dat een baby dit ervaart?
Ze vinden het heel gezellig om even samen te zitten. Kijk maar, ik pak Jaimie even.

Hoe oud is Jaimie?
Acht maanden.

Kan hij al uit zichzelf gaan zitten?
Nee, maar ik zet hem nu even aan tafel, anders wordt het zo'n kliederboel.

Ik zie hem heel verbaasd kijken, het lijkt wel of hij schrikt.
Ja, de verf is een beetje koud op z'n hand. Kijk, nu druk ik het handje in het hart. Hop, klaar! Mooi hè? Wil jij twee tellen zijn handen vasthouden, dan pak ik gauw een doekje.

Kijk eens goed naar Jaimie, hoe vindt hij dit, denk je?
Ah, hij kijkt niet heel blij. Kom maar, ik leg hem weer lekker op het kleed. Even kijken, ik heb nog drie kindjes die het af moeten maken.

Wacht even! Probeer je eens te verplaatsen in Jaimie: wat voelt en ziet hij bij deze activiteit?
Hij ziet mij …

Stel, ik ben Jaimie. Ik lig lekker op de grond. Plotseling word ik opgepakt en aan tafel gezet.
'Ja, en dan krijg ik verf op mijn handje. Het voelt koud. Ik maak een mooi handje en …'

Denk je dat hij begrijpt wat hij aan het doen is? Hij is acht maanden.
Weet je, jij geeft me het gevoel dat ik het allemaal fout doe. Eerst met die knutsel en nu met dit gesprek waar ik helemaal geen tijd voor heb!

Dit gesprek is niet om over jou te oordelen, maar om na te denken over de activiteit.
Ik ben gewoon aan het knutselen, zo doen we dat hier al jaren. Ik ben niet zo van dat 'Reggio-gedoe'.

Maar nu kom ik met de vraag: wat heeft een baby van acht maanden hieraan?
Hij krijgt een-op-eenaandacht, hij oefent z'n zintuigen.

Klopt. Maar wat zou hij zelfstandig kunnen doen?
Als ik hem zijn gang laat gaan smeert hij alles onder.

Ik snap dat je dat niet toelaat, maar hoe kun je het kind iets meer ruimte geven om zelf het materiaal te ontdekken?
Lekker met de handjes in de verf, dat doen we ook wel eens, maar voor moederdag willen we een mooie knutsel. Ouders zijn daar echt heel blij mee hoor.

Een knutsel verzonnen en gemaakt door de pedagogisch medewerkers. Het kind heeft niks zelf gedaan.
Dat is zo, maar ze kunnen op deze leeftijd nog niet zo veel knutsels maken.

Dus, waar ben je mee bezig?
Nou, ik wás lekker bezig, totdat jij kwam! (Van Rijn 2019a)

3.2 Blik op het pedagogisch handelen

Aan de hand van bovenstaand gesprek gaan we dieper in op respectvolle relaties in de groep. Je raakt soms tijdens een groepsobservatie spontaan in discussie met de pm'er, terwijl dit eigenlijk niet je bedoeling was. Het heeft ook iets tegenstijdigs: je wilt dat de pm'er met haar volle aandacht bij de kinderen is, maar het gesprek met jou leidt haar aandacht juist af. Zo'n

Figuur 3.1 Respect voor de autonomie van het kind

discussie kan de sfeer in de groep verstoren en spanning geven bij de pm'ers en de kinderen. Soms kun je het niet laten om de pm'ers ergens op te wijzen. Respecteer je daarmee de autonomie van de groep en van de pm'er?

Zo doen we dat hier al jaren

In het pedagogisch plan worden ze bijna nooit genoemd, maar in de groepen kom je ze overal tegen: de moederdagknutsels. Patricia is er oprecht enthousiast over, vol trots laat ze haar knutsel aan jou zien.

Als begeleider probeer je het pedagogisch handelen van de pm'ers altijd te koppelen aan hun pedagogische taak. Hier stuit je op een probleem. Je ziet in het maken van deze moederdagknutsel geen respect voor de autonomie van het kind (zie fig. 3.1). Het kind heeft nauwelijks inbreng, zijn hand wordt gebruikt voor het werkje van de pedagogisch medewerker. In de groep kun je beter niet direct de discussie aangaan. Kijk eerst eens rustig wat er verder gebeurt. In een gesprek vraag je door: 'Iets wat je al jaren zo doet, is dat per se het beste?'

Even het kind pakken en aan tafel zetten

Een baby respectvol oppakken en neerzetten is een pedagogische taak op zich. Hoe benader je de baby? Wat zeg je? Geef je het kind de tijd en de ruimte om zelf initiatieven te nemen? Raak je het kind respectvol aan, met zachte handen? (Tardos en David z.j.).

Vaak weten pm'ers dit wel, maar soms pakken ze een kind toch als een pakketje op: even snel verschonen of aan tafel zetten. Dat zie je hier bij Patricia. Jaimie krijgt nauwelijks gelegenheid om zelf te bewegen of om aan te geven wat hij wil. Een gemiste kans voor het ontwikkelen van een respectvolle relatie tussen Patricia en Jaimie.

Wat kun je doen als begeleider? Je stelt de vraag: '*Kan Jaimie al uit zichzelf gaan zitten?*' Je doet hiermee een beroep op haar kennis, want hoogstwaarschijnlijk weet Patricia wel dat je baby's die nog niet zelf kunnen gaan zitten, beter niet aan tafel kan zetten. Met deze vraag probeer je haar daaraan te herinneren. Je vertelt ook wat je ziet bij Jaimie: '*Ik zie hem verbaasd kijken.*' Hiermee wijs je Patricia op het kind: kijk eens wat dit met Jaimie doet. Je wijst haar op de letterlijke betekenis van 'respect': omzien naar. Je hoopt dat zij meer oog krijgt voor Jaimie, dat zij hem ziet. Maar Patricia lijkt vooral oog te hebben voor de knutseltaak.

Nog drie knutsels te gaan

Patricia is heel gedreven met haar taak bezig. Ze wil op tijd klaar zijn voor moederdag en heeft in haar hoofd welke kinderen vandaag hun knutsel af moeten maken. Een heel gedoe met al die parttime kinderen in de groep. Ze heeft nu geen tijd voor reflectie op haar pedagogisch handelen. Heel begrijpelijk, maar als begeleider heb jij ook je taak. Je wijst Patricia op het hier en nu. Je vraagt – om het met Korczak te zeggen – respect voor elk afzonderlijk ogenblik. '*Kijk eens goed naar Jaimie. Hoe vindt hij dit, denk je?*' Je weet dat Jaimie meer interesse heeft voor dit unieke moment dan voor de moederdagdeadline. Je probeert haar haast af te remmen: '*Wacht even!*' en doet een beroep op haar om zich in Jaimie te verplaatsen. Zo wil je haar aandacht van de knutseltaak naar de pedagogische taak verleggen. Maar jouw opmerkingen vallen niet in goede aarde.

Een-op-eenaandacht en gezellig samenzijn

Patricia heeft het druk, maar tijdens haar drukke bezigheden kan ze benoemen waar ze mee bezig is: aandacht geven aan Jaimie en een activiteit die de zintuigen stimuleert. Of geeft ze hier een antwoord dat erop gericht is om jou tevreden te stellen? Bij Jaimie zie je in ieder geval niet dat die geniet van de een-op-eenaandacht of van de zintuiglijke ervaring. Integendeel: je ziet verbazing, schrik en verwarring.

De beste manier om dit duidelijk te maken aan Patricia is: haar naar het kind te laten kijken. Nu gebeurt dat midden in de activiteit, '*Kijk eens goed naar Jaimie*', maar het werkt beter om de activiteit te filmen en op een rustig moment samen naar de beelden te kijken. (Stel je van tevoren goed op de hoogte van de afspraken over het gebruik van beeldmateriaal die binnen de organisatie gelden.) Als je Patricia zelf laat benoemen wat zij op het beeld ziet, kan ze zich niet langer verschuilen achter algemene antwoorden als 'aandacht geven' of 'zintuigen stimuleren'. Het gezicht van de baby zal haar meer overtuigen dan jouw vragen en redeneringen. Jouw rol daarbij is om door te vragen: hoe kun je inspelen op wat Jaimie hier laat zien? Wat heeft Jaimie nu nodig, denk je? Wat de pm'ers zien op de filmbeelden en hoe ze dat benoemen, hangt ook samen met hun opvattingen over baby's: wat vragen baby's, wat kunnen ze?

Baby's kunnen nog niet veel zelf

In haar pedagogisch handelen en in haar opmerking '*Ze kunnen op deze leeftijd nog niet zo veel knutsels maken*' toont Patricia haar opvattingen over baby's. Knutselen kunnen ze nog niet; tenminste, niet zo netjes als Patricia het wil. Uit haar opmerking '*Hij krijgt individuele aandacht*' kunnen we opmaken dat zij zulke korte momentjes van individuele aandacht prima vindt voor de baby. Komen deze opvattingen overeen met de pedagogische taak waar zij voor staat: werken aan respectvolle relaties?

Misschien denkt Patricia dat het bij een baby van Jaimies leeftijd niet uitmaakt dat je hem even van het kleed optilt en aan tafel zet. Tijdens haar opleiding en op de scholingsavonden met het team heeft ze ongetwijfeld geleerd dat kinderen van jongs af aan zelf hun omgeving willen ontdekken. Maar kennelijk is deze kennis in haar achterhoofd blijven zitten en niet tot in haar vingers doorgedrongen.

Jouw taak als begeleider is om verbindingen te leggen tussen de abstracte kennis over baby's en deze concrete activiteit van Patricia met Jaimie. Vermijd hierbij een-op-eendiscussie, maar organiseer een groepsbijeenkomst met collega's die vertellen hoe zij respectvol en creatief met de baby's werken. Patricia, die 'dat Reggio-gedoe' afwijst, zal eerder iets van haar collega's aannemen dan van iemand die buiten de groep staat. Jouw taak is om in deze discussie steeds de koppeling te leggen tussen de manier van werken en de pedagogische taak.

Lekker met de handjes in de verf

Hoeveel ruimte durft Patricia hier te geven aan de baby's om zelf het materiaal te ontdekken? Uit haar opmerking '*Als ik hem zijn gang laat gaan, smeert hij alles onder!*' spreekt angst voor chaos, voor controleverlies. Ze pakt de kinderen liever een voor een op om netjes aan tafel een gecontroleerde handeling uit te voeren. Dat is jammer, want ook jonge kinderen beleven veel plezier aan samen zijn: naar elkaar kijken en samen kliederen (Weterings en Plamper 2019). Je stuit hier als begeleider op een grens bij de pm'er.

Om jouw doel bij de begeleiding van dit kindercentrum ('meer ruimte voor creativiteit') te bereiken, zul je aan die grens van Patricia moeten morrelen. Daarbij stuit je direct op een andere grens: je kunt hardnekkige gewoontes niet zomaar 'ombuigen'. Jij bent geen therapeut die haar kan helpen om zich van haar angst voor wanorde te bevrijden. En een pm'er is geen robot die je anders kan programmeren.

Toch ga je erover in gesprek met Patricia. Begin bij haar enthousiasme: wat maakt haar zo enthousiast voor de moederdagknutsel? Hoe werkt ze met deze activiteit aan respectvolle relaties in de groep? Wat zijn precies haar bezwaren tegen de Reggio-werkwijze? Hoe wil ze daarmee omgaan? Misschien heeft Patricia gewoon wat meer tijd nodig om nieuwe inzichten in praktijk te brengen. Als jij respect toont voor haar manier van leren, werk je aan een respectvolle relatie met haar.

Respectvolle relatie met de pm'er

Verplaats je eens in Patricia: ze is lekker bezig in je groep totdat jij als begeleider komt en allemaal lastige vragen gaat stellen. Het lijkt een paradox: jij doet een beroep op Patricia om de autonomie van Jaimie te respecteren, maar door jouw aanwezigheid voelt zij zich juist beperkt in haar autonomie. '*Ik was lekker bezig, totdat jij kwam.*' Nu kan ze de activiteit niet op haar manier uitvoeren. De autonomie van Patricia is echter niet waar het in de groep om draait. Haar autonomie moet ondergeschikt zijn aan de pedagogische taak van de groep: werken aan respectvolle relaties. Als Patricia haar knutselwerkje alleen op háár manier wil uitvoeren, belemmert dit de uitvoering van die pedagogische taak.

Als begeleider wil je op respectvolle wijze met Patricia over deze pedagogische taak in gesprek gaan. Dat doe je door samen te kijken naar de kinderen, de activiteit en de werkwijze in de groep. Je stelt lastige vragen, maar geeft Patricia de ruimte om haar eigen antwoorden te geven. Dan confronteer je haar met de gevolgen van haar handelen voor de kinderen en stelt haar werkwijze ter discussie.

De uitroep van Patricia '*Jij geeft me het gevoel dat ik het allemaal fout doe*', kan jou als begeleider het gevoel geven dat je de plank volledig mis hebt geslagen. Dat is niet het geval! Maar het was niet handig om de discussie aan te gaan tijdens een groepsobservatie. Moet je dan altijd je mond houden tijdens een groepsobservatie? Soms is het wel effectief om kort te benoemen wat je ziet gebeuren. Maar laat je niet verleiden tot discussie met de pm'ers, daarmee belemmer je de respectvolle relaties binnen de groep. Zo is ieder bezoek aan de groep een leermoment, zowel voor de pm'er als voor de begeleider.

3.3 Spelen met duplo in het peuterteam

Op het kindercentrum waar ze 'meer met Reggio willen werken' (zie ▸ par. 3.1), volg je als begeleider ook de ontwikkelingen in de peutergroepen. Als je de activiteiten in deze groepen observeert, zie je dat de eigen creativiteit van de peuters al veel meer ruime krijgt dan een paar maanden geleden. De peuters mogen zelf materialen uitkiezen in het atelier en kunnen hun fantasie uitleven. Als je het vrij spelen in de poppenhoek en de bouwhoek observeert, zie je weinig verrassende dingen. De kinderen spelen met standaard speelgoed en ruimen daarna alles weer netjes op. Dit vraagt om wat meer 'Reggio-begeleiding'!

Speelse aanpak

Je organiseert een 'creatief teamoverleg' met alle pm'ers van de vier peutergroepen uit het kindercentrum. Voor deze bijeenkomst deel je de ruimte zo in, dat er vier groepjes aan tafels kunnen zitten. Op elke tafel leg je een berg met duploblokjes klaar: een tafel met rode, een tafel met gele, een tafel met blauwe en een tafel met groene blokjes. Als de pm'ers binnenkomen, laat je ze een kleur kiezen en op zoek gaan naar de tafel met blokjes in die kleur. 'Nu mogen jullie samen iets heel moois gaan bouwen', zeg je tegen de pm'ers. Je loopt langs de groepjes om ze te stimuleren en te kijken of alles goed gaat. Als je op iedere tafel een bouwwerkje ziet staan, loop je met een grote bak zingend langs de tafels: 'Opruimen, opruimen, alle blokjes in de bak!' en je veegt snel alle bouwwerken in de bak. Trek je niets aan van de reacties, blijf zingen en veeg de tafels leeg.

Hoe doe jij dit in jouw groep?
Nu is het tijd voor de nabespreking. Vraag de pm'ers hoe ze de activiteit hebben beleefd. Welk gevoel houden ze eraan over? Laat ze even 'stoom afblazen' en stel dan de vraag: 'Hoe doe jij dit in jouw groep?' Laat pm'ers zo concreet mogelijk vertellen wat er gebeurt tijdens het vrij spel en noem zelf voorbeelden uit je groepsobservaties. Vraag de pm'ers om zich in een peuter te verplaatsen: hoe is dat, als je bouwwerk zo wordt opgeruimd? Vraag ze om stil te staan bij hun pedagogisch handelen. Hoe kijk jij naar het werk van de kinderen? Hoe toon je respect voor hun werk, al gaat het maar om drie duploblokjes? (Van Rijn 2019b)

Ruimte voor creativiteit
Tenslotte geef je pm'ers een A4-tje van een casus met vragen, om in groepjes te beantwoorden.
Fenna is een peuter die erg van bouwen houdt. Elke dag maakt ze prachtige bouwwerken ... die elke dag weer in de plastic bak verdwijnen.
Vraag 1: Hoe stimuleert deze activiteit de creativiteit van Fenna?
Vraag 2: Wat zou je nog meer kunnen doen om haar creativiteit de ruimte te geven? Denk aan: de bouwhoek anders inrichten, materialen toevoegen, samen spelen en dergelijke.
Verzamel alle A4-tjes en bedank de pm'ers voor hun antwoorden. Vertel dat je die gaat gebruiken in het project 'Vrijer spelen in de peutergroepen'.

Peuter brainstorm
Zoals de pm'ers meedenken over creatieve mogelijkheden voor vrij spelen in de bouwhoek, zo kunnen de peuters dat ook. Laat de pm'ers hier eens over fantaseren met de peuters. Vraag ze om in de bouwhoek met een groepje kinderen te praten over wat ze allemaal willen bouwen en waarmee je kunt bouwen. Als pm'ers zich openstellen en respectvol naar de kinderen luisteren, voelen de kinderen zich serieus genomen en durven ze spontaan met hun eigen creatieve ideeën te komen.

3.4 Blik op het pedagogisch handelen

De duplo activiteit met het peuterteam geeft stof tot nadenken over respectvolle relaties in de groep (zie ◘fig. 3.2). Het maakt 'respect' heel tastbaar met de duploblokjes. De vraag is of je met jouw aanpak als begeleider wel respect toont voor de pm'ers. Wat draagt zo'n 'schokkende activiteit' bij aan een respectvolle relatie tussen jou en de pm'ers?

Zelf speelsheid ervaren

Voor dit peuteroverleg heb je als begeleider een speelse werkvorm gekozen. Je wilt de pm'ers hier zelf laten ervaren hoe het voelt als je werk zonder respect van tafel wordt geveegd. Door ze een beetje te choqueren, hoop je dat ze het niet snel zullen vergeten.
Deze werkvorm kun je niet overal toepassen. Bij een groep die jou voor het eerst ziet, kan het zoveel verontwaardiging oproepen bij de deelnemers dat het leereffect verdwijnt. Je schiet dan je doel voorbij. Als je een vertrouwensband hebt met de groep, kun je wel een potje bij ze breken. Hetzelfde geldt voor een trainings- of opleidingssituatie. Deelnemers staan buiten de directe werkomgeving vaak wat meer open voor nieuwe dingen en nieuwe ervaringen.
Na zo'n schokkende actie hebben de pm'ers even tijd nodig om bij te komen. Als begeleider bied je ruimte voor hun reacties en toon je begrip voor hun emoties. Daarna ga je in gesprek over het werk in de groepen en respectvol omgaan met het werk van kinderen. Vraag door naar concrete voorbeelden en eigen ervaringen. Als die niet komen, geef dan voorbeelden van jouw observaties of laat filmpjes zien van spelsituaties, waarbij de pm'ers kunnen 'scoren' hoe respectvol ze de interactie van de pm'er met de kinderen vinden. Kijken naar en nadenken over pedagogisch handelen van anderen is een goede oefening om daarna het eigen pedagogisch handelen onder de loep te nemen.

◘ **Figuur 3.2**   Respect voor het werk van de kinderen

In de groep

Na zo'n bijeenkomst met de pm'ers is het zaak om terug te keren naar de werkvloer. Je kunt nog zulke leuke werkvormen en gesprekken met elkaar hebben, het gaat erom wat de pm'ers in hun groep doen. Tonen ze oprechte belangstelling voor het werk van de kinderen? Hoeveel ruimte krijgt de creativiteit tijdens het vrij spelen? Wat valt er te beleven voor de peuters?

Een peuter maakt geen onderscheid tussen vrij spelen en andere activiteiten. Jonge kinderen onderzoeken alles om zich heen, spelenderwijs. Maar door de volwassenen worden ze steeds onderbroken in hun spel. Dat begint al op weg naar het kindercentrum: 'Opschieten, niet spelen!' Bij binnenkomst is het: 'Ga maar lekker spelen!' Maar juist als ze lekker in hun spel zijn, is het tijd om aan tafel te gaan en daar mag weer niet gespeeld worden. Zo gaat de dag verder: het ene moment krijgt het kind te horen dat het niet mag spelen en het volgende moment moet het lief samenspelen. Als je je in een peuter verplaatst is hier toch geen touw aan vast te knopen?

De pm'ers kunnen de kinderen in hun groep niet overal en eindeloos laten spelen. Opruimen en op tijd eten zijn ook belangrijk. Maar gaan de pm'ers hier een beetje speels mee om? Je kunt aan peuters uitleggen dat de tafel leeggeruimd moet worden om straks te kunnen eten. Je kunt van het opruimen een spel maken, waarbij kinderen elkaar helpen. Je kunt van een mooie vloerpuzzel die opgeruimd moet worden een foto maken voor de groeps-App. Kinderen leren zo dat hun werk ertoe doet, dat het serieus genomen wordt. Als pm'ers dit doen, werken ze aan respectvolle relaties in hun groep.

Eigen creativiteit

Soms lijkt het alsof pm'ers hun creativiteit langzaam maar zeker verliezen als ze langere tijd op een groep staan. In hun begintijd voeren ze de meest creatieve projecten uit en gaan ze speels met de kinderen om. Langzaam maar zeker lijken ze in de greep van orde en netheid te komen. Als begeleider moet je die creativiteit en die speelsheid weer aan zien te boren, want die hebben ze nodig voor hun pedagogische taak. Hoe doe je dat?

Je kunt de creativiteit bij pm'ers niet afdwingen, maar wel uitlokken. Doe zelf eens iets geks, zoals in bovenstaande teambespreking. Laat op de werkvloer creatieve voorbeelden zien, waarbij je met iets kleins begint, bijvoorbeeld met lege doosjes in de bouwhoek die de fantasie van kinderen prikkelen. Ga zelf eens in de bouwhoek met de kinderen aan de slag en vraag de pm'er om dat te observeren. Filmpjes of werkbezoeken van inspirerende praktijken werken ook heel overtuigend: de pm'ers zien het letterlijk voor zich. Pm'ers kunnen elkaar stimuleren, bijvoorbeeld in een project 'Vrijer spelen in de peutergroepen', waarbij jij ze aanmoedigt: hoe gekker hoe leuker. Als ze zien dat kinderen daar veel plezier aan beleven en fijn spelen, zijn ze op de goede weg. Er ontstaat een sfeer van ongedwongen samenzijn, waarbij niemand het gevoel krijgt dat het gek is wat ze aan het doen zijn. Zo kunnen respectvolle relaties in de groep groeien.

Respect voor verschillen

In ieder werkplan wordt het 'respect voor alle kinderen en ouders' genoemd, maar dit wordt pas geloofwaardig als kinderen en ouders het dagelijks ervaren. Voelen ze zich gezien door de pm'ers? Durven ze hun zorgen en ideeën te uiten? Gaan de pm'ers hier zorgvuldig mee om? Het zit vaak in kleine dingen: een blik, een gebaar, een vriendelijk woord of een lach. Je kunt het ook zichtbaar maken in de inrichting van het kindercentrum. Wat ziet een kind, een ouder die binnenkomt? Is het een plek waar iedereen zich thuis kan voelen? Het organiseren van onderlinge ontmoetingen draagt hier ook aan bij; het bevordert een gevoel van verbondenheid, van gemeenschap.

Een eenvoudige en concrete manier om onderlinge ontmoetingen te bevorderen is de familiemuur. Dit is een plek waar op kindhoogte foto's van ieder kind met zijn familie te zien zijn. Van jongs af aan vinden kinderen het fijn om naar zo'n foto te kijken en deze aan anderen te laten zien: 'Kijk, dit is mijn pappa!' Als je zo'n foto aan ouders vraagt, laat je al merken dat je belangstelling hebt voor wie zij zijn en waar ze vandaan komen. Je toont op een ongedwongen manier de verschillen tussen gezinnen: op de ene foto zie je één ouder met een kind, op de andere een hele familie. Het mag er allemaal zijn, iedereen wordt geaccepteerd. De familiemuur lokt ook het gesprek tussen ouders uit: is dat jullie huis, waar wonen jullie? Spontane communicatie over verschillen kan bijdragen aan respectvolle relaties.

> **Samenvatting: gekke dingen binnen respectvolle relaties**
>
> Als je een respectvolle houding bij pm'ers wilt stimuleren, moet je als begeleider zelf ook respectvol met ze omgaan. Het is de vraag wat jouw creatieve werkvorm met de duploblokjes bijdraagt aan een respectvolle relatie tussen jou en de pm'ers. Met een 'schokje' wil je de pm'ers aan het denken zetten over hun pedagogisch handelen. Je wilt dat ze nieuwe mogelijkheden ontdekken voor hun gezamenlijke pedagogische taak. Die mogelijkheden zijn er wel, maar ze lijken toegedekt door de dagelijkse sleur. Soms moet je de boel even opschudden om ze opnieuw te ontdekken. Een speelse houding is daarbij onmisbaar. Binnen een vertrouwde en respectvolle relatie kan zo'n schokje geen kwaad.

Vragen en opdrachten

Opdracht 1
Wat betekent respect? Zoek eerst de letterlijke betekenis op en begin dan een gesprek met twee pm'ers over dit begrip. Vraag ze om iets te vertellen over situaties die ze zelf hebben meegemaakt in hun groep:
- een situatie waarin ze zich gerespecteerd voelden door een kind of een ouder;
- een situatie waarin ze zich niet gerespecteerd voelden door een kind of een ouder;
- een situatie waarin zij zelf respect toonden voor een kind of een ouder;
- een situatie waarin zij geen respect toonden voor een kind of een ouder.

Opdracht 2
Wissel ervaringen uit met een collega-begeleider of deelnemer:
a. Ga jij tijdens je bezoek aan de groep in gesprek of in discussie met de pm'ers?
b. Wat betekent dit voor de sfeer en de relaties in de groep?
c. Heb je wel eens een situatie meegemaakt waarin je je observaties hardop uitsprak?
d. Hoe was dit voor de kinderen, de pm'ers en jezelf?

Opdracht 3
a. Kies een zin of alinea uit het Pedagogisch Plan van een kindercentrum dat je begeleidt. Bijvoorbeeld een zin als: 'Ieder kind is uniek' of 'Wij geven ieder kind de ruimte om zich in zijn eigen tempo te ontwikkelen'.
b. Ga met deze uitspraak een halve dag observeren in een groep en kijk wat je ervan terugziet in het pedagogisch handelen van de pm'ers.
c. Verwerk je observaties in een verslag van maximaal 400 woorden (één A 4-tje) en zet dit op de agenda van een team- of groepsbespreking. Vraag na afloop wat pm'ers ervan hebben geleerd en vertel wat jij er zelf van hebt geleerd.

Opdracht 4
a. Ga in een peutergroep of een nul-vier-groep eens een half uur spelen in de poppenhoek of bouwhoek. Al spelend ga je met de peuters in gesprek: wat wil je nog meer spelen of bouwen, wat heb je daarvoor nodig, waar vind je dat? Stimuleer hun fantasie door open vragen te stellen.
b. Noteer een aantal wensen van peuters en kijk hoe je daarmee de speelhoek kunt verbeteren. Hoe reageren de peuters?
c. Wat heeft jou verrast bij de uitvoering van deze opdracht?

Literatuur

Berding, J. (2018). *Ik ben ook een mens*. Culemborg: Phronese.
Berding, J., Smit, I., & Van Rijn, I. (2010). *Janusz Korczak voor pedagogisch medewerkers in de kinderopvang*. Amsterdam: Janusz Korczak Stichting.
Korczak, J. (2007). *Het recht van het kind op respect*. Amsterdam: SWP.
Tardos, A., & David, M. (z.j.). *De visie van Emmi Pikler. Respectvolle verzorging en vrije bewegingsontwikkeling*. Amsterdam: Stichting Emmi Pikler Fonds.

Van Rijn, I. (2019a). In dialoog met de pedagoog. Knutselen met baby's. *Kinderopvang, 29*(5), 29.
Van Rijn, I. (2019b). In dialoog met de pedagoog. Respect voor een paar blokjes. *Kinderopvang, 29*(6), 27.
Weterings, A., & Plamper, S. (2019). *Begrijpen met je handen. Een andere kijk op kind en creativiteit.* Houten: Bohn Stafleu van Loghum.

Websites

Over Emmi Pikler: ▶ www.pikler.nl (3-4-2019).
Over Janusz Korczak: ▶ www.korczak.nl (11-3-2019).
Over Reggio: ▶ www.pedagogiekontwikkeling.nl (15-3-2019).

Gestructureerde relaties

4.1　In gesprek met Laurie: 'Een olifant in de groep' – 36
　　　Hoe raak je in gesprek? – 36

4.2　Blik op het pedagogisch handelen – 38
　　　Baas van de groep – 38
　　　Een kind is geen olifant – 38
　　　De gouden tip – 39
　　　Vertrouwen moet groeien – 39
　　　Plek in de groep – 39
　　　Grenzen in de groepsruimte – 40
　　　Een beetje overspannen – 41

4.3　In gesprek met Carmen en Nadia: 'Pittige uitdaging' – 41
　　　Hoe raak je in gesprek? – 41

4.4　Blik op het pedagogisch handelen – 43
　　　Bso-tijd is vrije tijd – 43
　　　Individuele vrijheid en verantwoordelijkheid – 43
　　　Kinderen willen meedoen – 44
　　　Sociogram – 44
　　　Basisregels en feestjes – 44
　　　Actief zijn en een beetje chillen – 45
　　　Relatie met de pm'ers – 45

　　　Literatuur – 47

© Bohn Stafleu van Loghum is een imprint van Springer Media B.V., onderdeel van Springer Nature 2020
I. Van Rijn, *Pedagogiek in de vingers*, https://doi.org/10.1007/978-90-368-2435-4_4

Als we het kind alleen maar gescheiden van anderen zien, leren we hem slechts van één kant kennen

(Korczak 1986, pag. 105)

■ Inleiding: structuur in de groep

Een groep met jonge kinderen heeft structuur nodig; daar zal iedereen het over eens zijn. In dit hoofdstuk kijken we aan de hand van twee gesprekken hoe je met pm'ers kunt nadenken over de pedagogische taak 'structuur bieden'. We beginnen met een korte omschrijving van deze pedagogische taak.

In een goede groep spelen de kinderen veel samen en maken ze weinig ruzie. Er is een sfeer van verbondenheid, een 'wij-gevoel'; iedereen voelt zich op z'n gemak. Hoe help je pm'ers om dit voor elkaar te krijgen in hun groep? Structuur bieden is veel meer dan grenzen stellen bij ongewenst gedrag. Juist in de positieve interacties tussen pm'ers en kinderen leren kinderen hoe ze mee kunnen doen in de groep. Kinderen willen graag meedoen, ze willen contact, ze willen erbij horen en betrokken worden bij het ritme en de rituelen van de groep. Daarvoor zijn ze bereid om te leren hoe ze hun eigen impulsen in bedwang kunnen houden en zich kunnen aanpassen aan de situatie (zie ◘ fig. 4.1).

4.1 In gesprek met Laurie: 'Een olifant in de groep'

Hoe raak je in gesprek?

Aanleiding voor het gesprek is 'storend' gedrag van een kind: een kind dat zich niet aan de regels houdt, dat niet speelt en dat andere kinderen lastigvalt. Als begeleider weet je dat het niet altijd aan het kind ligt. Je gaat samen met de pm'er de omgeving van het kind onderzoeken. Tegelijkertijd stimuleer je de pm'er om op te treden als beschermer, baas en bemiddelaar van de relaties binnen de groep (Singer en De Haan 2006).

> **Olifant in de groep**
>
> Ik word een beetje overspanen van Marc.
>
> *Wat is er aan de hand, Laurie?*
> Echt, hij luistert niet. Wat ik ook zeg of doe …, hij kijkt me aan met zo'n blik van: je kunt me wat, ik doe lekker wat ik leuk vind.
>
> *Wacht even, hoe oud is Marc?*
> Ruim anderhalf, hij zit hier sinds een half jaar op de woensdag in de verticale groep.
>
> *Hij komt dus maar één dag? Waar is hij de andere dagen?*
> Mamma werkt vier dagen, pappa ook. Oma doet een dagje en hij is een dagje bij de andere oma en opa.
>
> *Per dag een andere setting, andere gezichten, andere regels. Kun je je voorstellen dat hij niet snapt naar wie hij moet luisteren?*
> Nou, hij weet donders goed dat hij niet op een baby mag gaan zitten! Als ik kijk en roep: 'Niet doen hè?' doet hij het niet, maar zodra ik me omdraai …

◘ **Figuur 4.1** Grenzen verkennen binnen veilige kaders

Dat klopt. Hij heeft jou nodig om zich aan de regels te houden. Een kind van anderhalf jaar kan dat nog niet uit zichzelf.
Ja maar ik kan toch niet de hele dag voor politieagent spelen? We hebben drie kleine baby's op de groep.

Voor politieagent spelen helpt niet. Hoe is jouw band met Marc?
Eerlijk gezegd ben ik blij als we de woensdag zonder brokken zijn doorgekomen.

Begin de woensdag positief. Als Marc binnenkomt, begroet hem dan letterlijk met open armen en zeg: 'Hallo Marc, wat fijn om je weer te zien.' Voelt hij zich op z'n gemak in de groep?
Ja, híj wel! Maar wij schieten elke keer in de stress. Hij gaat als een bulldozer door de groep.

Ik zie het meer als een dreumes die op zoek is naar zijn plek in de groep. Wat vindt hij leuk om te doen?
Buitenspelen, achter een bal aanrennen …, eten vindt hij ook echt leuk.

In welke kinderen toont hij interesse?
Nou, dat heb ik nog niet zo in beeld. Hij stort zich vooral op de baby's.

Kijk eens naast wie hij aan tafel gaat zitten en vraag na het eten met wie hij wil spelen.
Oké, maar hij speelt niet langer dan twee minuten.

Probeer zelf elke week vijf minuutjes met hem en een ander kind samen te spelen. Observeer wat hij leuk vindt en welke materialen hem boeien.

Maar wat moet ik doen als hij op een baby gaat zitten?

Haal hem uit de situatie en geef hem iets anders om op te zitten: een groot kussen, een speelblok of zo'n rijdend varkentje.
Maar ik moet er toch ook wat van zeggen? Anders leert hij het toch niet?

Benoem steeds: 'Dat doet pijn bij de baby. Hier mag je wel op zitten.' Geef hem een paar maanden de tijd om dit te leren.
Een paar maanden? Oh ja, hij komt maar een keer per week. Wanneer kom jij weer?

Over twee weken. Noteer intussen drie dingen die jij leuk vindt aan hem.
Die ik leuk vind aan hem?!

Ja, ik ben heel benieuwd naar zijn leuke eigenschappen. Bij kinderen met storend gedrag kost het soms wat meer moeite om die te ontdekken (Van Rijn 2018a).

4.2 Blik op het pedagogisch handelen

In het gesprek met Laurie probeer je als begeleider een concreet probleem met een kind te koppelen aan de bredere pedagogische taak van de groep. Door die pedagogische taak centraal te stellen zoek je de oorzaak van het probleem niet uitsluitend in het kind, maar kijk je samen met Laurie naar welke andere factoren van invloed zijn op zijn gedrag.

Baas van de groep

Waar pm'ers slecht tegen kunnen is dat kinderen elkaar pijn doen. Begrijpelijk, want 'elkaar geen pijn doen' is een basisregel voor de veiligheid en structuur in iedere groep. Laurie '*schiet in de stress*' als Marc zich '*op de baby's stort*' zoals zij het noemt.

De toon waarop Laurie erover praat, geeft jou als begeleider een eerste indruk van het probleem. Hoor je begrip of paniek in haar stem? Observeer in de groep hoe ze met de kinderen praat. Spreekt ze met rust en vertrouwen, dan zullen kinderen haar accepteren als 'baas van de groep'. Boos worden en kinderen op afwijzende toon toespreken heeft geen goede invloed op de kinderen en de relaties in de groep. Het wakkert botsingen en conflicten juist aan (Singer en De Haan 2013).

Een kind is geen olifant

Marc snapt wel dat hij niet op baby's mag zitten, maar zonder hulp van Laurie kan hij het niet laten. Laurie snapt Marc wel, maar ze wil dat hij zichzelf in bedwang houdt. Verwacht ze te veel van deze dreumes?

Let als begeleider altijd op de verwachtingen die pm'ers over kinderen uitspreken en het beeld dat zij van een kind schetsen. In het gesprek met Laurie wordt al snel duidelijk dat zij geen positief beeld heeft van Marc: '*Hij luistert niet, hij doet lekker waar hij zin in heeft. Hij gaat als een bulldozer door de groep. Hij is een olifant.*' Stel als begeleider een grens aan deze negatieve uitlatingen, want hier is niemand bij gebaat. Toon begrip voor het gedrag van Marc: een dreumes die elke dag in een andere setting wordt opgevangen, die moeite heeft om zijn plek in de groep te vinden. Daarmee ontken je het probleem niet, maar je neutraliseert wel het negatieve beeld.

De gouden tip

Hoe kan Laurie een dreumes helpen zijn impulsen en emoties te beteugelen? Als politieagent optreden helpt niet, al moet de pm'er natuurlijk wel ingrijpen bij gevaarlijke situaties. De manier waarop ze dit doet, is heel bepalend: keurt ze het gedrag af of de persoon van het kind? Begrijpt ze de intentie van het kind? Misschien is het gedrag van Marc een onhandige poging tot contact zoeken of de drang om ergens op te klimmen.

Als begeleider help je Laurie om op een andere manier naar het gedrag van Marc te kijken. Je zet jouw interpretatie van zijn gedrag naast haar interpretatie: '*Ik zie het meer als een dreumes die op zoek is naar zijn plek in de groep.*' Je probeert begrip te wekken voor zijn gedrag: '*Kun je je voorstellen dat hij niet snapt ...?*'

Soms verwachten pm'ers een gouden tip van de begeleider. Alsof jij een geheim knopje weet te vinden bij het kind waarmee het ongewenst gedrag als bij toverslag omgezet wordt in gewenst gedrag. Die 'toverknop' bestaat niet! Maar Laurie heeft wel dringend behoefte aan concrete tips. Steeds verbieden van Marcs gedrag helpt niet, wat dan wel? '*Haal hem uit de situatie, Geef hem iets anders om op te zitten. Ga vijf minuutjes met hem spelen.*' Met deze tips probeer je Laurie op het goede spoor te krijgen. Ze moet Marc laten zien wat wél mag. Zo leert een kind nieuwe dingen, die hem op weg helpen in de groep. De 'betovering' van de groep komt van de pm'ers zelf: vanuit de positieve relaties die ze met de kinderen aangaan.

Vertrouwen moet groeien

Hoe krijg je een goede band met iemand die jou steeds op de proef stelt? Laurie staat voor een zware pedagogische taak: leren om ieder kind in de groep te accepteren. Ze ervaart Marc als een bedreiging van de veilige structuur in haar groep. Dat hij maar een dag per week komt, maakt het nog moeilijker om een band op te bouwen.

Je kunt niet van Laurie eisen dat ze Marc 'een leuk kind' vindt. Met concrete aanwijzingen probeer je wel iets van wederzijds vertrouwen op gang te brengen: '*Begroet hem met open armen. Ga samen spelen. Observeer zijn leuke kanten.*' Het zijn geen gemakkelijke opdrachten, maar wel nodig om Laurie met een andere blik naar Marc te laten kijken. De pedagogische taak moet altijd zwaarder wegen dan de persoonlijke gevoelens van de pm'er. Door positief gedrag uit te lokken en te stimuleren, kan het vertrouwen langzaam groeien. Laurie hoeft het niet in haar eentje te doen; de groep kan helpen.

Plek in de groep

De andere kinderen kunnen Marc helpen zijn plek in de groep te vinden. Daarom moet Laurie goed observeren voor welke kinderen hij interesse toont. Van jongs af aan hebben kinderen interesse in andere kinderen, maar als ze niet gewend zijn aan de omgang met leeftijdgenoten, weten ze vaak niet hoe ze contact kunnen leggen.

Figuur 4.2 Samen spelen in een veilige sfeer

Als begeleider stimuleer je Laurie om het contact tussen Marc en de grotere kinderen een zetje in de goede richting te geven. Door samen met hem en een ander kind te gaan spelen raakt hij op ongedwongen wijze betrokken bij de groep. Van de grote peuters leert Marc veel over samen spelen; hij kan de regels bij ze afkijken (zie fig. 4.2). Laurie steunt Marc hierin door hem op rustige, vriendelijke toon aan te moedigen. Als zij ziet dat Marc ook leuk kan spelen, zal haar vertrouwen in hem groeien. Zo wordt Marc langzaam maar zeker deelgenoot van de groep.

Grenzen in de groepsruimte

Grenzen bewaken in een verticale groep (nul tot vier jaar) is lastig voor de pm'ers. De baby's hebben ruimte nodig om veilig op de grond te liggen, de peuters zoeken ruimte om ongestoord te spelen. Voor de dreumesen is het misschien nog lastiger; zij willen klimmen en klauteren en ze hebben de nabijheid van de pedagogisch medewerkers nodig.

In de groep van Laurie wordt dit concreet zichtbaar. Er zijn drie kleine baby's waar Marc zich op wil storten. Kennelijk is er geen veilige babyzone die dit gedrag van Marc helpt voorkomen. Een grote grondbox of een veilige hoek voor de baby's kan hen tegen de 'lopers' in de groep beschermen.

Als begeleider heb je kennis nodig over de invloed van inrichting en spelmaterialen op het gedrag van de kinderen. Die kennis helpt je om met een bredere blik naar het gedrag van kinderen te kijken. Met die kennis kun je pm'ers ondersteunen bij het inrichten van hun groep (zie ▶H. 6). Zo stimuleer je Laurie om niet alleen naar Marc maar ook naar zijn omgeving te kijken: '*Observeer wat hij leuk vindt en welke materialen hem boeien.*' Ga zelf ook observeren hoe de kinderen zich door de groepsruimte bewegen en kijk daarbij ook naar het buitenspelen. Soms zie je buiten een heel ander kind dan binnen.

Een beetje overspannen

Aan het begin van het gesprek zegt Laurie: '*Ik word een beetje overspannen van Marc.*'

Staat ze op het punt zich ziek te melden vanwege dit probleem of bedoelt ze gewoon dat het haar hoog zit? Vaak zijn pm'ers blij wanneer ze in vertrouwen hun zorgen kunnen uiten. Soms zitten ze vol opgekropte emoties en barsten ze los over een kind of over een situatie die ze meegemaakt hebben.

Als begeleider moet je structuur aanbrengen in het gesprek. Je wilt eerst feitelijke informatie over Marc: hoe lang zit hij al in de groep, hoe vaak komt hij, wat is zijn geboortedatum? Vervolgens probeer je het probleem helder in kaart te brengen: wat is er precies aan de hand, wanneer is het begonnen, op welke momenten doet het zich voor?

Als je merkt dat Laurie zich negatief uitlaat over Marc kap je dit af: '*Wacht even, hoe oud is Marc? Een kind van anderhalf kan zichzelf nog niet corrigeren.*' Je probeert het beeld wat te objectiveren door feitelijke informatie en door te vragen: '*Naast wie gaat hij aan tafel zitten? Welke materialen boeien hem?*'

Hanteer in je gesprekken steeds de pedagogische taak als richtlijn: je wilt dat Laurie gaat zien hoe zij op een rustige en positieve manier structuur aan kan brengen in haar groep. Hanteer dit principe ook voor jezelf: breng op een rustige manier structuur aan in het gesprek. Als Laurie je eerlijk vertelt dat ze blij is wanneer ze de woensdag '*zonder brokken zijn doorgekomen*', waardeer dan haar eerlijkheid en haar gevoel van verantwoordelijkheid voor de groep. Zo groeit ook het vertrouwen tussen jullie.

4.3   In gesprek met Carmen en Nadia: 'Pittige uitdaging'

Hoe raak je in gesprek?

Carmen en Nadia zijn vanuit een VVE-peuter-kleutergroep in een groot kindercentrum overgestapt naar een kleine zelfstandige bso. Ze werken al jarenlang goed samen, maar door een daling van het aantal kinderen is de peuter-kleutergroep opgeheven. Gelukkig konden ze samen de overstap naar deze bso maken. De omschakeling vraagt nogal wat van ze. Samen moeten ze leren om hun werkwijze af te stemmen op de oudere kinderen van de bso. Structuur bieden aan een groep met kinderen van acht jaar en ouder vraagt een andere aanpak dan bij peuters en kleuters.

> **Pittige uitdaging**
>
> Het is pittig hoor, deze overstap naar de achtplus-groep van de bso.
>
> *Pittig … Vinden jullie het een leuke uitdaging?*
> Nee, lastig. De oudste kinderen zijn echt moeilijk.
>
> *Wat vinden jullie moeilijk?*
> Ze spelen helemaal niet.
>
> *Wat doen ze dan?*
> Ze doen niks; dat is het juist. Ze hangen maar wat in de groep; ze vinden alles stom en het liefst zitten ze de hele middag te gamen.

Gamen is ook spelen, toch? Wat vinden ze stom?
Buitenspelen, knutselen, spelletjes ..., alles wat we voor ze verzinnen.

Oh, verzinnen jullie dat voor ze? Kunnen ze zelf niks verzinnen?
Nee, ze hangen op de bank tot ze aan de beurt zijn om te gamen.

Wat gebeurt er tijdens dat hangen op de bank?
Ze kletsen wat, meestal loopt het uit op ruzie over wie aan de beurt is om te gamen.

Het zijn kinderen van acht tot twaalf jaar. Laat ze zelf eens iets bedenken.
Hebben we al gedaan. Ze willen allemaal wat anders en roepen door elkaar. Ze kunnen niet naar elkaar luisteren.

Breng dan wat meer structuur aan. Geef ze een vel papier en een paar basisregels en laat ze schetsen hoe een middag op de bso er volgens hen uit moet zien. Of laat ze elkaar interviewen over hun wensen voor de bso.
Maar wat doen we als ze allemaal gekke dingen willen? Of als ze alleen maar 'chillen en gamen' opschrijven?

Chillen kan een nuttige activiteit zijn; je ontspant en doet nieuwe energie op.
Ik krijg de kriebels als ze dat de hele middag doen!

Er is nog meer te doen. Laat ze verschillende activiteiten verzinnen op het gebied van sport en spel, muziek, knutselen ...
Knutselen willen ze niet. Dat hebben we al geprobeerd.

Ik heb het niet over kant-en-klaar knutselwerkjes, maar knutselen met 'loose parts'.
Loose parts?

Dat zijn allerlei losse dingetjes waar ze mee aan de slag kunnen: hout, plastic, karton, ijzerdraad ... kosteloos materiaal. Ze kunnen deze zelf verzamelen en een atelier inrichten.
Wordt dat geen puinhoop?

Welnee, het zijn geen peuters!
Maar niet alle kinderen vinden dat leuk.

Klopt. Wij hebben de neiging om dingen aan te bieden die we zelf leuk vinden, maar sommige kinderen vinden daar niks aan. Zorg dus voor variatie in het aanbod: koken, toneelspelen, verkleedkleren maken, robots bouwen. Als ze willen chillen kunnen ze ook muziek luisteren of een luisterboek pakken.
Oeh, dit wordt ingewikkeld. Dat gaat de organisatie geld kosten.

Als kinderen van de bso af willen omdat er niks te doen is, gaat dat de organisatie ook geld kosten.
Ja, de ouders willen dat we meer aanbieden. Er zijn dit jaar al twee opzeggingen van ouders die zeggen dat hun kind zich verveelt op de bso.

Tijd voor vernieuwing! Laat de kinderen zo veel mogelijk zelf bedenken en uitvoeren. Want daarin ligt de sleutel tot succes. Het is hun vrije tijd, hun bso. Leuke uitdaging voor jullie.
Hoe bedoel je? Wij moeten toch zorgen dat ze hun vrije tijd goed besteden?

Jullie hoeven de kinderen niet bezig te houden. Probeer erachter te komen wat de kinderen bezighoudt (Van Rijn 2018b).

4.4 Blik op het pedagogisch handelen

Als begeleider maak je regelmatig mee dat pm'ers overgeplaatst worden naar een andere groep. Meestal hebben ze even tijd nodig om hun draai te vinden in hun nieuwe omgeving, soms krijgen ze een 'cultuurschok'. Eén gesprek is natuurlijk niet genoeg om een aanpassing in hun werkwijze voor elkaar te krijgen. Dit gesprek is het begin van een zoektocht naar een passende structuur voor deze groep. De belangrijkste pedagogische taak voor Carmen en Nadia is om de kinderen daarin mee te nemen.

Bso-tijd is vrije tijd

Kinderen die uit school naar de bso komen, hebben zin in verschillende dingen. De een wil lekker kletsen, de ander bewegen, weer een ander is uitgehongerd en wil eerst eten. Samen spelletjes doen vinden sommige kinderen 'superleuk', anderen moeten eerst bijkomen van hun schooldag. Een uur later kunnen de rollen totaal omgedraaid zijn. Dat een hele bso-groep de hele middag op de bank hangt zal niet gauw gebeuren (Schreuder et al. 2019). Toch ervaren Nadia en Carmen dit zo en ze zien het als een probleem; ze vinden de oudste kinderen '*echt moeilijk*'.

Als begeleider neem je de ervaringen van pm'ers serieus, maar je kijkt ook naar de omstandigheden. Carmen en Nadia komen van een VVE-groep in een heel andere wijk. Ze zijn gewend aan jonge kinderen in een schoolse setting. Op de bso krijgen ze te maken met kinderen uit een ander milieu die heel mondig en zelfstandig zijn. Dit vraagt om een nieuwe aanpak van hun pedagogische taak. Om als begeleider een indruk te krijgen van de omgeving is het handig dat je zelf eens meeloopt van de school naar de bso. Het geeft je een beeld van de sfeer in de bso bij binnenkomst van de kinderen. Blijf een paar uurtjes hangen, want in de loop van de middag kan de sfeer totaal veranderen.

Individuele vrijheid en verantwoordelijkheid

'*Ze willen allemaal wat anders en roepen door elkaar. Ze kunnen niet naar elkaar luisteren.*' Zo beleven Nadia en Carmen de gesprekken die ze met de kinderen hadden. Dit roept de vraag op of er wel een gevoel van verbondenheid en samenhang is in de groep. Zo'n 'wij-gevoel' kunnen de pm'ers stimuleren door dagelijks gezamenlijke rituelen uit te voeren: samen eten, de namen noemen van de kinderen, de zorg voor elkaar en voor de groepsruimte stimuleren en andere gezamenlijke rituelen zoals verjaardagen en feestdagen vieren. Hiermee bouwen ze aan gestructureerde relaties binnen de groep.

Als kinderen zich verbonden voelen met de groep zullen ze bereid zijn naar elkaar te luisteren en compromissen te sluiten. Ze leren een stukje van hun individuele vrijheid op te geven en zich verantwoordelijk te voelen voor 'hun' groep. De pm'ers spelen hierin een verbindende en bemiddelende rol.

Voor deze rol reik je Carmen en Nadia verschillende hulpmiddelen aan: basisregels, prikkelende vragen en duidelijke kaders: '*Schets jouw bso, interview elkaar en verzin activiteiten op het gebied van sport, spel, muziek, toneel, enzovoort.*' Hiermee kunnen de pm'ers de ideeën van kinderen in goede banen leiden. Maar hebben ze voldoende vertrouwen in de groep?

Kinderen willen meedoen

Kinderparticipatie is geen wondermiddel om structuur aan te brengen in een groep. Het vraagt oprechte belangstelling voor wat kinderen bezighoudt en vertrouwen in de kinderen (Korczak 2012). Carmen en Nadia zijn bang dat de kinderen '*allemaal gekke dingen willen*' of alleen maar willen '*chillen en gamen*'. Ze vrezen dat het *een puinhoop wordt* als ze de kinderen veel zelf laten doen.

Als begeleider moet je bij het begin beginnen. Je kunt de pm'ers allerlei methoden voor kinderparticipatie aanreiken, maar de basis ligt bij de houding van de pm'ers. Durven ze zich open te stellen voor wat de kinderen zeggen? Kinderparticipatie is niet 'alles doen wat de kinderen willen' maar wel werken aan een gezamenlijke verantwoordelijkheid voor de groep. De pedagogische taak van Carmen en Nadia begint bij een serieus gesprek met de kinderen. In dat gesprek moeten de pm'ers structuur aanbrengen, zodat de stem van ieder kind gehoord kan worden.

Sociogram

Je kunt kinderen niet dwingen tot vriendschap, zelfs niet tot samen spelen. De kinderen organiseren zelf hun interacties in de groep (Van Geert 2017). De pedagogische taak van de pm'ers is om de relaties binnen de groep goed te leren kennen en daar gebruik van te maken bij het bieden van structuur aan de groep. Wat opvalt in het gesprek met Nadia en Carmen is dat ze alle kinderen in de groep over één kam scheren. '*Ze spelen niet, ze hangen, ze kletsen, ze willen niet knutselen.*' Hiermee gaan ze voorbij aan de verschillende groepjes die altijd ontstaan in de bso. Kinderen kiezen zelf hun vriendjes en vriendinnetjes; sommige kinderen kennen elkaar van school, anderen niet. Om orde en gezelligheid in de groep te krijgen, moeten Nadia en Carmen eerst de groepsstructuur goed in kaart brengen.

Als begeleider kun je Nadia en Carmen op weg helpen met het maken van een sociogram. Hierin breng je de relaties tussen de kinderen onderling in beeld. Wie zijn de gangmakers, de ruziezoekers, wie spelen graag samen? Zijn er kinderen die buiten de groep vallen? Dit overzicht zal Nadia en Carmen helpen om positieve interacties tussen de kinderen te bevorderen. Daarbij dienen hun eigen interacties steeds als voorbeeld.

Basisregels en feestjes

Het valt niet altijd mee om met een groep mondige bovenbouw-kinderen in gesprek te gaan. Voor de meeste kleuters is het vanzelfsprekend dat 'de juf' vertelt wat de regels zijn, maar oudere kinderen luisteren niet zomaar naar de pm'ers. Carmen en Nadia moeten laten zien dat ze de groep aan kunnen. Ze noemen het *pittig* en zeggen: '*De oudste kinderen zijn echt moeilijk.*' Kinderen gaan de discussie aan over regels, ook met elkaar: '*Meestal loopt het uit op ruzie wie aan de beurt is om te gamen.*' Hoe help je Carmen en Nadia om op een positieve manier leiding te geven aan de groep?

Ga als begeleider zelf kijken hoe Nadia en Carmen met de structuur in de groep omgaan. Houden ze krampachtig vast aan iedere regel of gaan ze er speels mee om? Zijn de regels voor alle kinderen duidelijk en worden ze consequent toegepast? De pm'ers maken de basisregels duidelijk: iedereen mag er zijn en we houden rekening met elkaar. Soms zijn er heel veel regeltjes die de kinderen als onrechtvaardig beleven. Dan is het goed om de kinderen daarover mee te laten denken en samen te beslissen welke regels echt nodig zijn. Het helpt om de regels positief te formuleren, bijvoorbeeld: we ruimen onze spullen op, we laten elkaar uitpraten. De pm'ers laten steeds zien hoe iedereen rekening dient te houden met anderen in de groep. Ze betrekken de kinderen ook bij gezamenlijke rituelen in de groep, zoals samen eten, verjaardagen vieren en feestjes organiseren. Zo kan er een gevoel van verbondenheid groeien in de groep.

Actief zijn en een beetje chillen

De kinderen in deze groep lijken niet tevreden met het activiteitenaanbod: '*Alles wat we voor ze verzinnen vinden ze stom.*' Kunnen kinderen zelf verzinnen wat ze willen doen? Of gaan ze dan alleen maar *chillen en gamen*? Dit vraagt om een helder kader waarbinnen kinderen zelf keuzes kunnen maken.

Als begeleider zie je dat pm'ers vaak '*dingen aanbieden die ze zelf leuk vinden*', maar voor sommige kinderen is daar '*niks aan*'. Ze snakken naar meer variatie in het aanbod. Als begeleider kun je een kader bieden voor een activiteitenaanbod waarin ruimte is voor de verschillende voorkeuren van kinderen. Dat kader vullen de pm'ers samen met de kinderen verder in. Nadia en Carmen hoeven de kinderen niet bezig te houden. Ze moeten er eerst achter komen wat de kinderen bezighoudt. Voor deze leeftijdsgroep zijn er heel veel mogelijkheden op de bso: '*Koken, toneelspelen, verkleedkleren maken, robots bouwen, muziek luisteren*' of gewoon even chillen om nieuwe energie op te doen.

Relatie met de pm'ers

Zoals een groep structuur nodig heeft, zo moet jij ook structuur aanbrengen in het gesprek: concreet en op een positieve manier. In jouw suggesties klinkt steeds het vertrouwen in de kinderen door: '*Ze kunnen zelf activiteiten verzinnen. Ze kunnen elkaar interviewen. Ze kunnen een atelier maken.*' Je zegt *het zijn geen peuters*, daarmee zeg je: deze kinderen kunnen meer dan jullie denken, wees niet bang voor hun inbreng, maar gebruik die om ze bij de groep te betrekken.

Met het sociogram bied je Nadia en Carmen een concreet hulpmiddel aan om zicht te krijgen op de onderlinge relaties binnen de groep. Zo'n overzicht zal helpen om die relaties in goede banen te leiden. Het kader voor een breed activiteitenaanbod helpt de pm'ers om de kinderen meer te betrekken bij het activiteitenaanbod.

Samenvatting: overzicht houden en houvast bieden

In beide gesprekken lijken de pm'ers met de handen in het haar te zitten. Patricia weet zich geen raad met een dreumes die door de groep dendert en Nadia en Carmen zijn bang dat ze hun grip op de groep verliezen. Als begeleider help je de pm'ers om overzicht te krijgen: door naar de omgeving van het 'storende kind' te kijken en naar de onderlinge relaties tussen de kinderen. Daarvoor geef je ze duidelijke tips en gestructureerde opdrachten mee om in hun groepen uit te proberen. Je kunt wel in discussie gaan over hun opvattingen, maar de pedagogische taak 'structuur bieden' staat in deze situaties voorop. Het is een 'pittige uitdaging' voor de pm'ers, waarbij ze behalve aan structuur ook behoefte hebben aan vertrouwen en tijd om hun pedagogisch handelen opnieuw af te leren stemmen op wat de groep nodig heeft.

Vragen en opdrachten

Opdracht 1
De pedagogische taak moet altijd zwaarder wegen dan persoonlijke gevoelens van de pm'er.
a. Schrijf in je eigen woorden op waarom je het met deze stelling eens bent of oneens.
b. Bespreek je antwoord met een klein groepje collega's of deelnemers.
c. Voel jij je wel eens onmachtig in een situatie op je werk? Wissel met elkaar uit hoe je hiermee omgaat.

Opdracht 2
Organiseer een groepsbespreking met pm'ers van een groep die je goed kent.
a. Geef de pm'ers (van tevoren) de volgende opdracht: noteer van elk 'mentorkind' dat je geobserveerd hebt minstens drie eigenschappen die jij in het kind waardeert. Laat de pm'ers dit aan elkaar vertellen en met voorbeelden toelichten.
b. Benoem zelf van iedere pm'er drie eigenschappen die jij in haar waardeert en geef voorbeelden daarvan uit je eigen observaties in de groep.
c. Vraag aan de pm'ers om de briefjes met de positieve eigenschappen van hun 'mentorkinderen' te bewaren voor het oudergesprek.

Opdracht 3
a. Wat is de visie op kinderparticipatie binnen jouw organisatie? Vat deze visie in je eigen woorden samen in maximaal vijf zinnen.
b. Streep in jouw samenvatting over kinderparticipatie aan waar je het mee eens bent en waar jij je vraagtekens bij hebt. Wissel dit uit met een collega of deelnemer.
c. Welke hulpmiddelen ken je om kinderparticipatie in de praktijk te brengen? Noteer er drie en beschrijf bij elk hulpmiddel hoe bruikbaar dit volgens jou is in de praktijk.

Opdracht 4
a. Wat zijn jouw basisregels in een begeleidingsgesprek?
b. Wie bepaalt de agenda van zo'n gesprek?
c. Praat jij met collega's wel eens negatief over een pm'er die je begeleidt?

Literatuur

Korczak, J. (1986). *Hoe houd je van een kind*. Utrecht: Bijleveld.
Korczak, J. (2012). *De republiek der kinderen*. Amsterdam: SWP.
Schreuder, L., et al. (2019). *Pedagogisch Kader Kindercentra 4–13 jaar*. Houten: Bohn Stafleu van Loghum.
Singer, E., & De Haan, D. (2006). *Kijken, kijken, kijken. Over samenspelen, botsen en verzoenen bij jonge kinderen*. Amsterdam: SWP.
Singer, E., & De Haan, D. (2013). *Speels, liefdevol en vakkundig. Theorie over ontwikkeling, opvoeding en educatie van jonge kinderen*. Amsterdam: SWP.
Van Geert, P. (2017). Sociale ontwikkeling. In R. Fukkink (Red.), *Pedagogisch curriculum voor het jonge kind in de kinderopvang*. (pag. 63–66). Houten: Bohn Stafleu van Loghum.
Van Rijn, I. (2018a). In dialoog met de pedagoog. De dreumes die niet wil luisteren. *Kinderopvang 28*(3), 35.
Van Rijn, I. (2018b). In dialoog met de pedagoog. Ze doen niks op de bso. *Kinderopvang, 28*(6), 11.

Websites

Over sociogrammen: ▸ https://wij-leren.nl sociogram-tips (25-4-2019).
Over activiteiten in de bso: Jessica Schouten, ▸ www.karakteradvies.nl (25-9-2019).

Leerzame relaties

5.1 In gesprek met Ineke: 'Rustmomenten' – 50

5.2 Blik op het pedagogisch handelen – 52
Meten is niet alles weten – 52
Babytaal – 53
Een rijk taalaanbod – 53
Denderende dreumesen – 53
Even rust – 54
Relatie met de pm'er – 55

5.3 In gesprek met Chantal: 'Klaarstomen' – 55
Hoe raak je in gesprek? – 55

5.4 Blik op het pedagogisch handelen – 57
Niet schools maar speels – 57
Vertrouwen in kinderen en pm'ers – 57
Relatie met de pm'er – 58

Literatuur – 60

© Bohn Stafleu van Loghum is een imprint van Springer Media B.V., onderdeel van Springer Nature 2020
I. Van Rijn, *Pedagogiek in de vingers*, https://doi.org/10.1007/978-90-368-2435-4_5

> Het kind is een vreemdeling; het verstaat de taal niet, weet niet hoe de straten lopen, kent de wetten en gebruiken niet. (…) Het heeft iemand nodig die hem gidst en beleefd zijn vragen beantwoordt
>
> (Korczak 2007, pag. 157)

▪ Inleiding: praten en uitleggen

Hoe leerzaam kan de kinderopvang zijn? Al stond het leren van kinderen in voorgaande hoofdstukken niet centraal, we kwamen het wel tegen. We zagen hoe kinderen leren om zich los te maken van ouders en te wennen aan de groep. Alleen al hun aanwezigheid in de groep is leerzaam: ze leren omgaan met andere kinderen, ze leren de Nederlandse taal, de omgangsvormen in de groep en nog veel meer. In dit hoofdstuk worden de leerzame relaties in de groep gekoppeld aan de pedagogische taak: praten en uitleggen.

Praten en uitleggen kan op veel verschillende manieren. Pm'ers die op vriendelijke toon met de kinderen praten, dragen bij aan veilige relaties in de groep. Een pm'er die steeds op negatieve toon of met boze stem spreekt, geeft kinderen geen veilig gevoel (Singer en De Haan 2013). Als de pm'ers luisteren naar wat kinderen te zeggen hebben en kinderen attent maken op wat een ander zegt, zijn ze goed bezig met de pedagogische taak van praten en uitleggen.

Met hun taalgebruik beïnvloeden pm'ers de ontwikkeling van kinderen. Benoemen ze wat ze doen? Geven ze woorden aan de ervaringen van de kinderen? Leggen ze uit wat er gebeurt? Het taalgebruik in de groep krijgt steeds meer aandacht. Interacties van pm'ers met de kinderen worden gefilmd, bijvoorbeeld voor de landelijke Kwaliteitsmonitor in de kinderopvang. Sinds 2000 worden VVE-programma's voor jonge kinderen ingezet met als doel kansarme kinderen een goede start op de basisschool geven. Als pedagogisch begeleider of VVE-coach krijg je hier ongetwijfeld mee te maken. In de praktijk zie je dat je heel verschillend met zo'n programma kunt werken: sommige pm'ers houden strak vast aan de methode, anderen passen die – met de doelen in hun achterhoofd – losjes toe. Of het nu gaat om een kwaliteitsmeting of een VVE-programma, jouw rol is steeds om samen met de pm'ers in gesprek te gaan over de pedagogische taak van praten en uitleggen.

5.1 In gesprek met Ineke: 'Rustmomenten'

Een van de babygroepen binnen de organisatie heeft opvallende scores behaald met de NCKO-Kwaliteitsmonitor. Bij het meten van de interactievaardigheden waren alle scores hoog, behalve die voor praten en uitleggen. Als begeleider ken je deze babygroep goed: het is een fijne rustige groep, waar de kinderen hoog scoren op welbevinden (Balledux 2005).

De oudercommissie van het kindercentrum wil graag een nadere toelichting op de scores en jij bent uitgenodigd voor hun vergadering. Na het bestuderen van de meetresultaten besluit je om eerst in gesprek te gaan met Ineke van de babygroep.

Rustmomenten

Hebben ouders geklaagd over onze groep?

Nee Ineke, nee zeker niet! Ze vragen om een toelichting bij de NCKO-scores. Die zijn prima, alleen het 'praten en uitleggen' was aan de lage kant.

Oh, ik snap wel hoe dat komt.

5.1 · In gesprek met Ineke: 'Rustmomenten'

Vertel?
Ze komen twee keer een half uur filmen. Een keer bij het eten en een keer tijdens het vrij spelen. Aan tafel was het heel stil.

Is dat altijd zo?
Nu was het extreem, ook door dat filmen. Maar het is meestal wel rustig onder het eten.

Wat is jullie idee daarbij?
Eten is voor de baby's zo belangrijk! Ze vinden het fijn als ze hier rustig van kunnen genieten. Praten doen we de rest van de dag al genoeg.

Wanneer dan?
We zingen de hele dag door; als we gaan eten, slapen, naar buiten gaan, opruimen, bij activiteiten en tussendoor ook nog wel.

Dat klinkt goed. Hebben jullie ook een-op-eengesprekjes met de kinderen?
Natuurlijk! Tijdens het verzorgen van een kind voer ik hele gesprekken, met en zonder woorden.

Hoe gaat dat?
Ik zie aan het kind hoe het beweegt, hoe het kijkt, wat het fijn vindt. Daar speel ik op in. Ik zie ook als een kind behoefte heeft aan rust. Dan laat ik het even met rust.

Kun je een voorbeeld geven?
Daarnet heb ik Marilene uit bed gehaald, verschoond en de fles gegeven. Ze heeft nog een tijdje op schoot gezeten en we hebben lekker zitten kletsen en kroelen. Nu ligt ze zelf op een kleed te spelen.

Een rustig vrij spel moment.
Precies. Die momenten van rust zijn zo waardevol! Ze leren om zelf te spelen.

Zeker. Hoe is dat bij de dreumesen? Bieden jullie activiteiten aan?
We lezen twee à drie keer op de dag een boekje. Er is ook een leeshoek, waar ze zelf boeken kunnen pakken en bekijken.

Prachtig. Gebruiken jullie ook de Activiteitenmap met thema's?
Soms. Zoiets als vlaggetjes maken met Koningsdag vind ik niet bij deze leeftijd passen. We laten ze vrij schilderen met de kleuren oranje, rood, wit, blauw en zingen daar een liedje bij.

Hoe zorg je voor genoeg afwisseling in je activiteitenaanbod?
We volgen de seizoenen, hoe afwisselend is dat! Nu gaan we elke dag naar buiten om bloemetjes en grassen te zoeken. Kijk maar eens op de seizoenentafel.

Mogen de kinderen daar ook zelf mee spelen?
Natuurlijk. Er is een bak met dennenappels, daar spelen ze eindeloos mee. Buiten spelen ze met takken, stenen, zand en water.

Dat klinkt als een heel rijke leeromgeving.
Tsja, in de loop der jaren leer je steeds beter op de kinderen in te spelen. Daar steken ze meer van op dan van een verplicht lesje uit de map waar niemand op zo'n moment echt zin in heeft.

Jullie zijn goed bezig en je legt het geweldig uit.
Maar toch een slechte score ...

Een goede aanleiding om met de oudercommissie in gesprek te gaan.

5.2   Blik op het pedagogisch handelen

Voor het gesprek met Ineke heb je als begeleider een duidelijke opdracht van de leidinggevende: aan ouders uitleggen wat die lage score betekent. Voordat je de pm'ers gaat vertellen waar zij tekortgeschoten zijn, is het zaak om zelf eerst goed naar hun pedagogisch handelen te kijken en te luisteren. Met een open blik en een open oor en met open vragen aan de pm'ers. Wat zijn hun ideeën over leerzame relaties in de babygroep? Hoe passen zij die toe in hun pedagogisch handelen?

Meten is niet alles weten

Ineke snapt het wel, die lage score op praten en uitleggen: '*Aan tafel was het heel stil. Er is een half uur gefilmd aan tafel.*' Van dit half uur aan beeldmateriaal bekijken de onderzoekers maximaal twee keer vijf minuten. Ze letten daarbij vooral op de gesproken taal: praat de pm'er veel met de kinderen, dan scoort ze 'hoog'; praat ze weinig, dan scoort ze 'laag'. Duidelijk, maar ook beperkt.

Als begeleider kom je vaker in deze groep. Je kent de pm'ers en de sfeer op verschillende momenten van de dag. Jouw indrukken zijn heel anders dan die van de onderzoekers; je vindt het een 'fijne rustige groep' voor de baby's.

Wie ziet het beter, de onderzoeker of jij als pedagogisch begeleider? Zo'n onderzoek lijkt heel objectief met scores op basis van een wetenschappelijk meetinstrument. Maar het filmfragment is een momentopname. Daar komt bij dat de aanwezigheid van de onderzoeker en het maken van de filmopname van invloed zijn op de situatie in de groep. Ineke: '*Nu was het extreem stil, ook door dat filmen.*' De onderzoeker gebruikt een algemene omschrijving van 'praten en uitleggen' en vult zelf in of het fragment de score 'hoog', 'midden' of 'laag' verdient. Het hele proces is dus niet zo objectief als het lijkt.

Als begeleider heb je natuurlijk ook geen objectief beeld van de groep. Maar er is wel verschil. Jij komt regelmatig over de vloer, waardoor je na verloop van tijd 'bij het meubilair gaat horen'. Pm'ers en kinderen raken vertrouwd met jouw aanwezigheid. Doordat je vaak observeert, ga je meer zien en horen. Je merkt dat er heel veel tegelijk gebeurt tijdens de interacties van de pm'ers met de kinderen, zowel verbaal als non-verbaal. Het is een complexe praktijk, die je niet zo gemakkelijk in een algemene omschrijving op een formulier weergeeft.

Babytaal

Al kennen ze de gesproken taal nog niet, baby's communiceren al vanaf hun geboorte. Ze kijken, ze draaien hun hoofd en ze kunnen met verschillende huiltjes en lachjes aangeven hoe ze zich voelen. Hun hele lichaam doet mee. Bij het drinken van de fles zie je de inspanning en de ontspanning. Ze strekken zich uit om iets te volgen.

Ineke kent de taal van de baby's uit haar groep goed. *'Ze vinden het fijn als ze rustig van hun eten kunnen genieten.'* Tijdens de verzorging ziet ze aan een kind 'hoe het beweegt, hoe het kijkt, wat het fijn vindt' en daar speelt ze op in. Ze ziet ook wanneer een kind eraan toe is om rustig te liggen of te spelen.

Zo'n pm'er als Ineke is een goede gids voor de groep. Zij weet met al haar kennis, ervaring en gevoel het 'praten en uitleggen' optimaal af te stemmen op ieder kind uit haar groep. Zo werkt ze aan leerzame relaties binnen de groep.

Een rijk taalaanbod

De pm'ers volgen niet alleen het kind, ze nemen zelf ook initiatieven: *'We zingen de hele dag door, we lezen twee of drie keer op de dag een boekje en bieden de kinderen boekjes aan in de leeshoek.'* Zo worden de kinderen op een speelse manier ondergedompeld in de taal. Baby's begrijpen al veel van de taal voordat ze zelf kunnen spreken. Met brabbeltaal oefent een baby het ritme en de klanken van de taal die hij om zich heen hoort. Door steeds alles te benoemen helpt Ineke de kinderen om de betekenis van woorden te ontdekken.

Behalve op het taalaanbod in de groep vraag je als begeleider ook naar de een-op-eengesprekjes die Ineke met ieder kind persoonlijk heeft. Voor Ineke is dit vanzelfsprekend: *'Natuurlijk. Tijdens het verzorgen van een kind voer ik hele gesprekken, met en zonder woorden.'* Het gesprek verloopt via lichaamstaal en met geluidjes, waarbij de baby en Ineke op elkaar afstemmen, samen plezier maken en zo hun relatie versterken. Het gaat hier om 'speelpraten': spelen met de taal (Singer en De Haan 2013). *'Ze heeft nog een tijdje op schoot gezeten en we hebben lekker zitten kletsen en kroelen.'*

Soms vinden pm'ers het gek om met baby's te praten, bijvoorbeeld om geluidjes die de baby maakt na te doen. Maar juist dit samen brabbelen en gekke gezichten trekken stimuleren de baby om mee te doen aan het gesprek. Dat baby's zelf actief kunnen zijn en dat het gesprek op hun persoon is afgestemd, maakt het razend interessant voor ze. Hier wordt optimaal aan leerzame relaties gewerkt: zowel de relatie met de baby als de taal van de baby kan zich zo goed ontwikkelen. Als begeleider kun je samen met de pm'ers filmpjes bekijken van het 'speelpraten' met de baby (Strik en Schoenmaker 2018).

Denderende dreumesen

Voor een dreumes kan de babygroep op een gegeven moment te saai worden. Dreumesen hebben behoefte aan meer beweging; ze 'denderen' door de groep, waarbij ze nogal eens over de baby's struikelen. Daarom vraag je als begeleider wat er voor de dreumesen te beleven valt in de groep. *'Hoe is dat bij de dreumesen? Bieden jullie activiteiten aan?'*

Veel VVE-programma's hebben hun aanbod uitgebreid met activiteiten voor de baby's en dreumesen. Deze zijn vaak gericht op de fijne motoriek en de zintuigen. Dikwijls gaat het om groepsactiviteiten, waarbij de kinderen om de beurt een korte activiteit uit mogen

Figuur 5.1 Samen genieten van een rustig moment

voeren. Ze moeten daarbij wel lang op hun beurt wachten. Dat is voor de meeste dreumesen te veel gevraagd; ze willen actief op onderzoek uit. Bovendien is het niveau van de activiteiten meestal meer geschikt voor peuters en kleuters.

Gelukkig weten Ineke en haar collega de activiteiten goed af te stemmen op de leeftijd van de kinderen. Ineke: '*Zoiets als vlaggetjes maken met Koningsdag vind ik niet bij deze leeftijd passen. We laten ze vrij schilderen met de kleuren oranje, rood, wit, blauw en zingen daar een liedje bij.*' Ze gaan elke dag naar buiten, waar de kinderen naar hartenlust kunnen bewegen en ontdekken. Met zand, water en takken doen ze ervaringen op die heel stimulerend zijn voor hun zintuigen, hun motoriek, hun ruimtelijk inzicht en het inzicht in hoeveelheden. Er kan naast elkaar en met elkaar gewerkt worden. Ook binnen is ruimte voor spel dat bij de dreumesleeftijd past: '*Er is een bak met dennenappels, daar spelen ze eindeloos mee.*' Voorwerpen verkennen en ze sorteren legt een goede basis voor allerlei rekenvaardigheden (Nelissen 2017).

Je ziet hier een heel rijke leeromgeving voor de baby's en de dreumesen, terwijl het activiteitenprogramma losjes wordt toegepast. Ineke slaat de spijker op z'n kop met haar opmerking: '*Tsja, in de loop der jaren leer je steeds beter op de kinderen in te spelen. Daar steken ze meer van op dan van een verplicht lesje uit de map waar niemand op zo'n moment echt zin in heeft.*' Zo'n pm'er kan – met het programma in haar achterhoofd – op een speelse manier aan leerzame relaties in de groep werken.

Even rust

Ineke kan goed uitleggen waarom ze soms even haar mond houdt. '*De baby's vinden het fijn als ze rustig van hun eten kunnen genieten. Die momenten van rust zijn zo waardevol!*' Ze weet wanneer ze naar de kinderen moet luisteren en zich afwachtend op moet stellen. '*Ik zie ook* als een kind behoefte heeft aan rust. Dan laat ik het even met rust' (zie ◉fig. 5.1). Praten en uitleggen heeft geen zin als het over de hoofden van de kinderen heen gaat. Het gaat altijd om de afstemming op dit kind, in deze situatie, in deze groep. Een pm'er die dat goed in de vingers heeft, moet je als begeleider op handen dragen.

Relatie met de pm'er

'Hebben ouders geklaagd over onze groep?' Met deze vraag begint Ineke het gesprek. Dat zegt iets over de druk waaronder pm'ers vandaag de dag werken. Ouders moeten tevreden zijn en blijven en hun groep moet goed scoren bij allerlei metingen.

Als begeleider ga je vol vertrouwen het gesprek aan met Ineke. Jouw doel is niet om haar af te rekenen op scores en resultaten, maar om er samen achter te komen hoe ze aan de pedagogische taak werkt. Ineke is een ervaren pm'er die goed kan vertellen waar ze mee bezig is. In het gesprek bied je haar de ruimte om te vertellen hoe zij ertegenaan kijkt en je stelt open vragen. '*Vertel eens? Wat is jullie idee daarbij? Hoe gaat dat? Kun je een voorbeeld geven?*'

Als begeleider weet je ook wat er nodig is om 'praten en uitleggen' in een babygroep in praktijk te brengen. Een rijk taalaanbod, met liedjes en boeken, maar ook een-op-een 'speelpraten' met de baby's. Voor de dreumesen is een dynamisch activiteitenaanbod gewenst. Door de concrete vragen te stellen maak je de pedagogische taak zichtbaar: '*Hebben jullie een-op-eengesprekjes? Gebruiken jullie de activiteitenmap? Mogen de kinderen zelf met de seizoenentafel spelen?*'

Ineke fronst haar wenkbrauwen bij jouw complimenten en zegt: 'toch een slechte score'. Maar als begeleider kijk je verder dan alleen die ene score, je ziet hoe Ineke in de complexe praktijk aan leerzame relaties werkt. Je luistert goed naar Ineke als ze daarover praat en uitlegt. Voor deze pm'er durf je bij de oudercommissie als begeleider je hand in het vuur te steken.

5.3   In gesprek met Chantal: 'Klaarstomen'

Hoe raak je in gesprek?

Op een schitterende zomerdag fiets je naar een VVE-locatie om de peutergroep te coachen bij het VVE-thema 'Gezondheid'. Voor de pm'ers is de VVE-methode nieuw; ze zijn er vorig jaar pas mee begonnen. Ze voelen zich nog onzeker over hun werkwijze en lijken jouw begeleiding erg op prijs te stellen. Tot je verbazing tref je de groep binnen aan.

Klaarstomen

Dat jullie binnen zitten met dit mooie weer!
Ja, we willen wel naar buiten, maar we moeten nog VVE doen.

Wie zegt dat?
Dit is de laatste week van het thema, maar veel kinderen hebben een activiteit gemist.

Welke activiteit?
Vorige week hebben we groenten en fruit behandeld, die moeten ze inhalen.

Wat zijn je doelen bij deze activiteit?
Ze moeten tien soorten groenten en fruit kennen.

Dat lijkt meer op een opdracht dan op een doel. Hoe pak je dat aan?
We wijzen plaatjes aan en zingen ook een liedje.

Allemaal activiteiten waarbij ze stil zitten. Jonge kinderen leren toch vooral door zelf hun zintuigen te gebruiken en te bewegen?
We eten elke dag fruit en dan benoemen we de woordjes: appel, banaan, peer …

Dan moeten ze nog stilzitten aan tafel. Jullie hebben toch ook een prachtige moestuin?
Die hebben we bij thema 'lente' al behandeld. Er groeien trouwens alleen tomaten in.

Met tomaten kun je aan zoveel VVE-doelen werken.
Nou, dat staat niet in de map.

Die map is een hulpmiddel, geen doel op zich.
In die map moeten we wel van ieder kind noteren welke woorden het precies kent.

Waar ben je mee bezig? Het is niet de bedoeling om schooltje te spelen met de map.
Maar we moeten de kinderen wel klaarstomen voor groep 1.

Je zegt steeds 'moeten'. Je mag de doelen uit de map best wat vrijer toepassen.
Hoe dan?

Buiten kun je prima aan taal- en teldoelen werken. Laat de kinderen tomaten plukken, rode maar geen groene, ga ze tellen, ga ze sorteren van klein naar groot, van hard naar zacht, ga ze proeven, laat de kinderen helpen met tomatensoep maken.
Leuk idee, maar de tomaten zijn nog niet rijp.

Ga dan met de kinderen naar de groentewinkel of de supermarkt. Leg alle groenten en fruit buiten op een kleedje en laat de kinderen voelen en proeven.
Dus van jou mogen we VVE ook buiten doen?

Ja natuurlijk, waarom niet? In de frisse lucht voelen kinderen zich fitter en valt er veel meer te beleven dan binnen. Dat lijkt me veel leerzamer.
Yes! Kom kinderen, we mogen naar buiten.

Mogen? Dacht je dat je van mij niet naar buiten mocht?
Nee, we waren speciaal binnengebleven omdat jij kwam.

Wat vreselijk! Vergeet niet dat kinderen recht hebben op de dag van vandaag. Stem daar op af en vertrouw erop dat jullie het klaarspelen met die doelen (Van Rijn 2019a).

5.4 Blik op het pedagogisch handelen

Een VVE-programma kan pm'ers stimuleren en steunen bij het uitvoeren van hun pedagogische taak. De kunst is om het programma aan te passen aan de kinderen en niet andersom. Een speelse aanpak en een vrolijke en gezellige sfeer in de groep staan voorop bij het werken aan de pedagogische taak van praten en uitleggen.

Als begeleider kom je hier een situatie tegen waarbij de methode krampachtig wordt gevolgd en de afstemming op de groep te wensen overlaat. Je gaat met Chantal in gesprek over een meer speelse toepassing van de VVE-doelen, zodat er meer plezier in het leren kan ontstaan. Chantal kan de kinderen actief mee laten doen door samen het fruit te voelen, benoemen en proeven. In de tuin liggen de tomaten en de kansen voor het grijpen.

Niet schools maar speels

Chantal laat zich in haar pedagogisch handelen leiden door de opdrachten uit de VVE-map. Ze houdt nauwkeurig bij of ieder kind alle woordjes uit het groente- en fruitlesje kennen. Maar het leerdoel is veel breder dan woordjes leren: het gaat om 'ontluikende geletterdheid', dat wil zeggen: kinderen ontdekken op speelse wijze het verband tussen de taal en de dingen. Dat begint bij hun eigen zintuiglijke en motorische ervaringen: hoe smaakt dit, hoe voelt dit? De taak van de pm'ers is om alles te benoemen: in gesprek met de kinderen, in liedjes, versjes met gebaren en bij het voorlezen. Zo ontdekken kinderen zelf de woorden voor allerlei soorten fruit.

Als begeleider probeer je Chantal een beetje los te weken van de aanpak uit de map. *'Het is niet de bedoeling om schooltje te spelen met de map. Je mag de doelen uit de map best wat vrijer toepassen.'* Dat is gemakkelijk gezegd, maar een beginnende pm'er als Chantal weet nog niet zo goed hoe ze met die doelen kan spelen. *'Ze moeten tien soorten groenten en fruit kennen. Dat staat niet in de map. We moeten in de map noteren ...'*

Daarom geef je Chantal concrete tips voor een speelse aanpak: *'Laat de kinderen tomaten plukken, tellen, sorteren, proeven. Ga naar de groentewinkel.'* De meeste VVE-activiteiten kan ze buiten doen: fruit voelen en proeven, kijken welke tomaten rijp zijn, liedjes zingen. Met wat aanpassingen in de tuin kan er nog veel meer: in een wigwam of een rustig hoekje van de tuin kun je ook boeken lezen; in een 'buitenkeuken' met wat oude pannen kun je 'tomatensoep' maken. De kinderen hebben genoeg fantasie die gebruikt kan worden bij het ontwikkelen van leerzame relaties in de groep. Plezier in het leren staat daarbij steeds voorop.

Vertrouwen in kinderen en pm'ers

Losjes, speels, vrolijk, met fantasie ..., het lijkt wel of Chantal de kern van de zaak is kwijtgeraakt door de VVE-methode. *'Mogen we VVE ook buiten doen?'* vraagt ze. In die vraag klinkt onzekerheid door. Ze vaart niet op haar eigen kompas, maar op de map en haar begeleider. Daarmee doet ze zichzelf en de kinderen te kort. Een pm'er kan zo veel meer dan een methode of een protocol uitvoeren! Ze is een gids die de kinderen meeneemt op ontdekkingsreis in de wereld (Van Rijn 2019b). Chantal kan de kinderen laten ervaren wat er buiten de groep allemaal te doen, te zien, te voelen, te horen, te ruiken en te proeven is. Daarbij stemt ze haar pedagogisch handelen steeds af op de situatie in de groep; wat hebben de kinderen nu nodig?

◘ **Figuur 5.2** Leren met je zintuigen

Veel belangrijker dan controleren of de taakjes uit de map zijn uitgevoerd, is dat jij als begeleider je vertrouwen in Chantal en haar collega uitspreekt: '*Vertrouw erop dat jullie het klaarspelen met die doelen.*' Ondersteun haar en haar collega's bij het vertalen van de doelen uit de VVE-methode naar concrete alledaagse situaties. '*Buiten voelen kinderen zich fitter en valt er veel meer te beleven dan binnen.*' Als team kunnen pm'ers elkaar steunen en stimuleren bij het creëren van leerzame situaties die interessant zijn voor de kinderen. Het gaat om een zoektocht met de groep, afgestemd op de dag van vandaag.

Relatie met de pm'er

We hebben het in de andere hoofdstukken ook gezien: als begeleider stel je eerst informatieve vragen: '*Welke activiteit? Wat zijn je doelen?*' Daarna komen de kritische vragen en het commentaar op de antwoorden van de pm'er: '*Waar ben je mee bezig? Je zegt steeds "moeten".*' Als begeleider geef je ook uitleg en informatie: *'Jonge kinderen leren toch vooral door zelf hun zintuigen te gebruiken en te bewegen?'* (zie ◘fig. 5.2). Chantal vraagt om tips: *'Hoe dan?'* Maar op jouw tomatentips volgt bezwaar. In gesprekken met hun begeleiders verzuchten pm'ers vaak: *'Ja maar ..., dat kan niet want ...'*

Chantal gebruikt de woorden 'moeten' en 'mogen'. Daar zou je uit op kunnen maken dat ze onzeker is over wat ze zelf kan. Misschien komt dat omdat ze nog niet zo lang met VVE werkt. Misschien ziet ze de VVE als een taak die van bovenaf wordt opgelegd. *'We moeten de kinderen klaarstomen voor groep 1.'* Dat klinkt niet alsof ze er helemaal achter staat en plezier in heeft.

Hier kun je als begeleider over doorvragen: hoe kijken Chantal en haar collega's tegen de VVE aan? Het feit dat ze in de laatste week nog nieuwe activiteiten te doen hebben, kan ook een aanleiding zijn om door te vragen. Naar buiten gaan vindt ze kennelijk wel leuk: *'Yes! Kom kinderen, we mogen naar buiten.'* Dat ze zijn binnengebleven omdat jij kwam, roept vragen op: wat zou ze gedaan hebben als jij niet gekomen was? Doen ze misschien alleen VVE als het echt moet? Stof tot nadenken over je relatie met deze pm'er!

> **Samenvatting: speels toepassen**
>
> De kant-en-klare meetinstrumenten of programma's zijn soms lastig toe te passen in de alledaagse praktijk in de groep. De Kwaliteitsmonitor brengt niet in kaart wat de waarde is van rustmomenten in de babygroep. In de peutergroep wordt het VVE-programma zo strak uitgevoerd dat het zijn doelen voorbijschiet. Jouw eerste taak als begeleider is om de interacties van pm'ers met de kinderen goed te observeren. Hoe draagt hun pedagogisch handelen bij aan de pedagogische taak van praten en uitleggen? Daarnaast kijk je kritisch naar de gebruikte methode: ondersteunt die de pm'ers in hun taken of ervaren zij die als een extra last in hun drukke dagritme? Als begeleider vervul je hier een bemiddelende rol door uit te leggen hoe de methode niet schools maar speels kan worden toegepast.

Vragen en opdrachten

Opdracht 1
Beoordeel het taalaanbod in de babygroepen die jij begeleidt aan de hand van onderstaande vijf punten:
- zingen door de pm'ers op verschillende momenten van de dag;
- voorlezen, vertellen en versjes opzeggen, meerdere keren per dag;
- aanwezigheid van goede prentenboeken voor baby's en een boekenhoek met boekjes (stof, plastic, karton) die de kinderen zelf kunnen pakken;
- gesprekjes van pm'ers met de kinderen, waarbij de kinderen ook een aandeel hebben in het gesprek;
- taalspelletjes, zoals spelen met geluid, muziekinstrumenten en gebaren maken.

Gebruik ter ondersteuning bij deze opdracht ►H. 4 (Praten en uitleggen) uit het boek van Anneke Strik en Jacqueline Schoenmaker *Interactievaardigheden*.

Opdracht 2
Bekijk het activiteitenprogramma of het VVE-programma dat wordt gebruikt in de groepen die jij begeleidt.
a. Zoek drie activiteiten die volgens jou goed aansluiten bij de interesse en de ontwikkeling van de dreumesen. Zoek ook drie activiteiten uit die je minder goed vindt passen.

b. Geef bovenstaande opdracht a. ook aan de pm'ers van een of meer groepen die jij begeleidt.
c. Vergelijk jouw uitkomsten met die van de pm'ers en ga hierover samen in gesprek. Bedenk met elkaar hoe je activiteiten kunt aanpassen aan de dreumesen.

Opdracht 3
Hoe leer jij de groepen en de pm'ers kennen? Wissel jouw aanpak uit met een collega of deelnemer:
- Hoe lang ga je de groepen observeren?
- Welke open vragen stel je?
- Welke meetinstrumenten gebruik je?
- Hoe bouw je een leerzame relatie op met de pm'ers?

Opdracht 4
Kijk hoe binnen jouw VVE-locaties met het VVE-programma wordt gewerkt. Als jullie niet met VVE werken, is er misschien een activiteitenprogramma waar je naar kunt kijken.
a. Hoe kijken de pm'ers tegen het programma aan? Zien ze het als inspiratiebron of als extra taak?
b. Observeer de uitvoering van een VVE-activiteit met de kinderen.
   - Weet de pm'er wat de doelen zijn bij deze activiteit?
   - Brengen de kinderen hun eigen ideeën in of mogen ze alleen antwoord geven op de vragen van de pm'er?
c. Bespreek de activiteit na afloop met de pm'er.
   - Had ze plezier in het uitvoeren van de activiteit?
   - Wat heeft ze geleerd van het gesprek met de kinderen?
d. Zou je deze activiteit ook buiten kunnen doen?
   - Zo ja, hoe dan?
   - Zo nee, waarom niet?

Literatuur

Balledux, M. (2005). *Werken aan welbevinden. Evalueren door observeren.* ▶ https://www.nji.nl/nl/Download-NJi/Publicatie-NJi/Werken-aan-welbevinden.pdf (13 juni 2019).
Korczak, J. (2007). *Het recht van het kind op respect*. Amsterdam: SWP.
Nelissen, J. (2017). Denken en ontluikende gecijferdheid. In R. Fukkink (Red.), *Pedagogisch curriculum voor het jonge kind in de kinderopvang*. Houten: Bohn Stafleu van Loghum.
Singer, E., & De Haan, D. (2013). *Speels, liefdevol en vakkundig. Theorie over ontwikkeling, opvoeding en educatie van jonge kinderen*. Amsterdam: SWP.
Strik, A., & Schoenmaker, J. (2018). *Interactievaardigheden. Een kindvolgende benadering*. Houten: Bohn Stafleu van Loghum.
Van Rijn, I. (2019a). In dialoog met de pedagoog. Ga tomaten tellen! *Kinderopvang, 29*(6), 25.
Van Rijn, I. (2019b). Tekenen met een stok in het zand'. *Kinderopvang, 2019*(7–8), 36–37.

Websites
Over VVE: ▶ www.sardes.nl.
VVE en Reggio: ▶ www.pedagogiekontwikkeling.nl.
VVE en spelen: ▶ www.speelpleziermethodiek.nl.

De pedagogische kracht van de ruimte

6.1 In gesprek met Lies: 'Wel netjes' – 62
   Hoe raak je in gesprek? – 62

6.2 Pedagogische blik op de ruimte – 63
   Ruimtelijk inzicht – 64
   Pedagogiek op de vierkante centimeter – 65
   (Niet) gezellig – 66
   Passen en meten – 67
   Inspirerende voorbeelden – 67

   Literatuur – 69

© Bohn Stafleu van Loghum is een imprint van Springer Media B.V., onderdeel van Springer Nature 2020
I. Van Rijn, *Pedagogiek in de vingers*, https://doi.org/10.1007/978-90-368-2435-4_6

> Laat kinderen rond rennen in de wei en je zult geen geschreeuw horen, maar het lieflijke gekwetter van menselijke vogeltjes
>
> (Korczak 1986, pag. 140)

▪ Inleiding: kennismaking met de extra pm'er

De meeste groepen binnen de kinderopvang draaien met twee of drie pm'ers, maar stel je eens voor dat er een extra pm'er bijkomt. Als begeleider zou je allereerst kijken hoe zij haar pedagogische taken uitvoert: biedt ze veiligheid aan de groep? Brengt ze voldoende structuur aan? Respecteert ze de autonomie van kinderen? Hoe spreekt ze de kinderen aan? Die extra pm'er is er al: het is de groepsruimte! De groepsruimte vervult al deze pedagogische taken (Curtis en Carter 2010). Bovendien beïnvloedt ze de relaties, de sfeer en het welbevinden in de groep. Jouw taak als pedagogisch begeleider is om de pm'ers kennis te laten maken met de ruimte als extra pm'er (Van Rijn 2019a).

6.1 In gesprek met Lies: 'Wel netjes'

Hoe raak je in gesprek?

Vaak kijken pm'ers met een 'structuurblik' naar de groepsruimte: is alles op orde, blijven de kinderen netjes aan tafel en in de hoeken, wordt het niet te onrustig of rommelig in de groep? Als pedagogisch begeleider wil je dat de pm'ers met een pedagogische blik naar de ruimte kijken: wat heeft de ruimte de kinderen te bieden? Samen met pm'er Lies nemen we een kijkje in de nul-vier-groep.

Wel netjes

Wie maakt er zo'n rommel, Lies?
De kleintjes, ze trekken alles uit de kast.

Dat klinkt als het favoriete spel van dreumesen.
Ja maar niet van mij! Ik loop de hele dag op te ruimen.

Dat is niet de bedoeling. Worden de speelhoeken wel gebruikt?
Ja, maar daar zitten vooral de grote peuters.

Heb je gezien waar de dreumesen het liefst spelen?
Ja, ze lopen naar de poppenhoek of de bouwhoek, maar als de grote kinderen daar zitten lopen ze weer verder.

Dat is een belangrijke observatie. En daarna?
Dan struinen ze een beetje door de groep of ze kieperen opeens een bak met spullen om.

Neem eens een dreumes in gedachten en kijk met de ogen van dit kind naar de ruimte.
Oké, ik ben Mason en ik ga kijken ... Wow, dit is best moeilijk.

Probeer hem tijdens het vrij spelen eens vijf à tien minuten te observeren. Volg zijn bewegingen door de groepsruimte. Komt hij in de speelhoeken en hoe lang blijft hij daar? Kijk wat hij tegenkomt en hoe hij daarop reageert.
Dat lijkt me leuk. Maar er lopen nog een paar van die stuiterballen rond hè?

We gaan ook een plattegrond tekenen en kijken op welke plekken de dreumesen het meest te vinden zijn.
Dat kan ik je zo vertellen: midden in de groep.

Heb je een idee waarom ze juist daar zijn?
Ik denk omdat mijn collega en ik daar vaak in de buurt zijn. Neem Sam en Puck, die lopen de hele dag achter mij aan.

Mooi, nu weten we al drie dingen waar de dreumesen naar op zoek zijn: jullie nabijheid, ruimte om te lopen en materiaal om te onderzoeken.
Maar mijn vraag was: hoe houd ik de groep netjes?

Misschien is dat niet de goede vraag als je naar jouw pedagogische taak kijkt.
Structuur is belangrijk, toch?

Zeker, maar als alles netjes moet blijven, valt er niks meer te ontdekken voor de kinderen.
Ik kan ze toch niet alles overhoop laten halen?

Bij ontdekken denk ik aan: openmaken, onderzoeken, ondersteboven houden.
Ehh …

We gaan met elkaar kijken hoe we het beter in kunnen richten. Als het uitdagend is voor de kinderen, wordt het voor jullie juist rustiger.
Denk je?

Een goed ingerichte ruimte werkt als een onzichtbare pm'er.
Klinkt goed. Kan die dan ook opruimen?

Haha, als het heel overzichtelijk is ingericht, leren de kinderen zelf opruimen. (Van Rijn 2019b)

6.2 Pedagogische blik op de ruimte

In het gesprek met Lies merk je dat zij al goed gekeken heeft naar de manier waarop kinderen in de ruimte spelen. Het valt je op dat zij met een andere blik naar de ruimte kijkt dan de kinderen. Kinderen kijken vaak naar de pm'ers of naar elkaar en naar het spelmateriaal (zie ◘ fig. 6.1). Hoe jonge kinderen de groepsruimte beleven weten we niet; we kunnen wel hun gedrag in die ruimte observeren. Sommige kinderen tonen bijzondere belangstelling voor deuren: de deur van de groepsruimte, waar bekenden verschijnen of verdwijnen en de deur naar de buitenruimte. Kinderen in de bso-leeftijd komen vaak zelf met originele ideeën voor het inrichten van de groepsruimte en de aanschaf van materialen.

Als begeleider stimuleer je Lies om door de ogen van een dreumes naar de groepsruimte te kijken. Wat valt er voor Mason, Sam en Puck te beleven? Je komt hier achter door een kind een tijdje te volgen in de groepsruimte. Kijken wat het kind doet, welke delen van de ruimte het gebruikt. Lies heeft al gezien hoe dit bij de dreumesen gaat. '*Ze lopen wel naar de*

Figuur 6.1 Ontdekkingen met spelmateriaal

poppenhoek of de bouwhoek, maar als de grote kinderen daar zitten, lopen ze weer verder. Dan struinen ze een beetje door de groep.' Dit soort observaties levert waardevolle informatie op voor het inrichten van de groepsruimte. Maar je hebt ook ruimtelijk inzicht nodig.

Ruimtelijk inzicht

Als begeleider zie je verschillen tussen de inrichting van de kindercentra waar je komt. Het is niet altijd duidelijk hoe je die verschillen moet waarderen. Jij hoeft een ruimte niet per se mooi, leuk of gezellig te vinden; het gaat erom hoe de ruimte door kinderen en pm'ers beleefd wordt. Biedt de ruimte veiligheid en uitdaging aan kinderen, kunnen ze er zelfstandig spelen? Anders gezegd: vervult de ruimte haar pedagogische taken? Soms zie je aan de inrichting door welke pedagogische stroming het kindercentrum geïnspireerd is: grote grondboxen (Pikler), een atelier (Reggio), lage tafels waar de kinderen zelfstandig aan kunnen werken (Montessori), of bijvoorbeeld spelmateriaal uit de volwassen wereld (Freinet), een natuurtuin (antroposofie). In de praktijk zie je bij de inrichting van kindercentra meestal een mix van deze inspiratiebronnen.

Hoe krijg je als pedagogisch begeleider meer kijk op de inrichting van de ruimtes? Een plattegrond tekenen van alle ruimtes helpt je om overzicht te krijgen van een ruimte. Daarmee kun je bijvoorbeeld kijken welke hoeken je wilt maken in een groep. De aanwezigheid van goede speelhoeken bevordert de pedagogische kracht van de ruimte: kinderen kunnen zich in zo'n hoek beter op hun spel richten en lopen elkaar niet voor de voeten. Op de plattegrond van de buitenruimte teken je verschillende zones: voor rustige- en drukke activiteiten. Zo'n plattegrond maken is geen gemakkelijke klus. Er zijn speciale trainingen over het inrichten van ruimten in de kinderopvang, waar je als begeleider veel van kunt leren. Maar het blijft

◻ **Figuur 6.2**   Samen op ontdekkingstocht

toch een vak apart. Daarom huren scholen en kindercentra tegenwoordig vaak een interieurontwerper in, die samen met de medewerkers naar de inrichting kijkt en aan verbeteringen werkt (Vroom 2016).

Pedagogiek op de vierkante centimeter

In het gesprek vraagt Lies 'Hoe houd ik mijn groep netjes?' Overzicht en structuur zijn zeker belangrijk, maar als begeleider wil je dat pm'ers ook oog krijgen voor de andere pedagogische taken van de ruimte. Dat ze plekken creëren waar kinderen worden uitgedaagd om op onderzoek uit te gaan en iets nieuws te ontdekken (zie ◻fig. 6.2). Plekken waar kinderen zelf aan de slag kunnen gaan met verschillende materialen. Kinderen moeten zich overal op hun gemak voelen en 'eigen dingetjes' herkennen: een foto van zichzelf, een familiemuur, (zie ook ▶par. 3.2) en een kastje met hun spullen. Eigenlijk moet iedere vierkante meter in het kindercentrum een pedagogische sfeer uitstralen. Hoe krijg je dat voor elkaar (Singer en Kleerekoper 2016)?

Het begint al bij aankomst: zien kind en ouder dat zij een kindercentrum betreden? Soms hangen er overal mededelingen voor de ouders, zoals 'slofjes aantrekken' of 'er heerst waterpokken'. Maar wat is er bij binnenkomst te beleven voor de kinderen? Maakt de gang of hal al zichtbaar wat je hier als kind komt doen? Zijn er foto's op kind-hoogte, bijvoorbeeld van de groepsruimte en de tuin? Is er een duidelijke route naar de groep die het kind zelf kan volgen? Een pedagogisch uitdagende inrichting ondersteunt kinderen om de stap van thuis naar kindercentrum te maken.

In de groep zijn hoeken belangrijk, in de tuin moeten verschillende zones voor diverse soorten spel zijn. Je kunt in iedere ruimte veel verschillende hoeken of zones maken. Wij zien een speelhoek vaak anders dan kinderen. Voor een kind kan een keukenkastje of een kleine ruimte tussen twee meubelen een fantastische speelplek zijn. Wat in onze ogen een paar struiken zijn, is voor kleine kinderen een spannend oerwoud. Het gaat om de pedagogische uitdaging, op iedere vierkante meter van de ruimte. Een lage tafel met wat bakjes vol potloden en een bak papier is een tekenhoek. Een kledingrek met een spiegel is een verkleedhoek. Een kleed met kussens en wat boeken is een leeshoek. Als begeleider krijg je hier oog voor, door steeds met een 'pedagogische blik' naar de ruimtes te kijken en te observeren hoe kinderen de ruimtes gebruiken. Verlies de pm'ers daarbij niet uit het oog, want de ruimte is hun extra 'collega'.

(Niet) gezellig

Hoe gezellig moet deze extra collega op de groep zijn? Voor veel pm'ers is 'gezelligheid' een belangrijke eigenschap, dat geldt zowel voor een collega als voor de inrichting. Pm'ers hangen dingen op of zetten dingen neer omdat het 'zo gezellig staat' of omdat ze denken dat het gezellig is voor de kinderen. Kijk bijvoorbeeld naar een mobile boven de box, met allerlei plaatjes. Als je er onder gaat liggen, zie je alleen maar streepjes. Hoe gezellig is dat eigenlijk voor een baby?

Als begeleider moet je hier voorzichtig mee omgaan: veel pm'ers zien de groepsruimte als hun domein waar zij de dingen naar hun hand kunnen zetten. Het heeft geen zin om ze te vertellen hoe het allemaal anders moet. Jouw rol is – net als bij het pedagogisch handelen – om de pedagogische taken onder de aandacht te brengen. Allereerst door vragen te stellen over het gebruik van de ruimte: *'Worden de speelhoeken wel gebruikt? Heb je gezien waar de dreumesen het liefst spelen? Heb je een idee waarom ze juist daar zijn?'* Vervolgens denk je samen met de pm'ers na over de pedagogische taken: welke uitdagingen biedt deze inrichting aan de kinderen? Wat valt er te ontdekken? Wat kan een kind hier zelfstandig doen?

Als pm'ers zich prettig voelen bij een nieuwe collega, zal de samenwerking soepel verlopen. Met de inrichting van de groep is dat net zo: als pm'ers de pedagogische kracht van de ruimte zelf ervaren, werkt het pas. Een voorbeeld: in het pedagogisch beleid staat dat de pm'ers tijdens het buitenspelen in de buurt van de kinderen moeten blijven. Daarom zijn er overal kleine zitplekken in de tuin gemaakt, waar een pm'er naast de kinderen kan zitten. Hierdoor gaan pm'ers meer naar buiten en blijven ze niet langer samen op het stoepje bij de keuken zitten. Betrek pm'ers bij iedere verandering in hun domein en blijf met hen in gesprek over hoe een goede inrichting hen kan helpen hun pedagogische taken uit te voeren. Als ze zien dat kinderen fijner spelen en minder ruzie maken door de inrichting aan te passen, zullen ze deze extra pm'er omarmen als nieuwe collega.

Passen en meten

Heeft een baby evenveel vierkante meter nodig als een peuter of een achtjarige? Volgens de regels heeft ieder kind recht op 3,5 vierkante meter binnenruimte en 3 vierkante meter buitenruimte (Van de Weijenberg 2018). Er wordt geen onderscheid gemaakt tussen dagopvang en bso; ook niet tussen horizontale- of verticale groepen. Eigenlijk is dat vreemd, want een achtjarige is veel groter dan een baby. Een nul-vier-groep moet ruimte bieden aan baby's, dreumesen en peuters, terwijl die heel verschillende speel- en slaapgewoonten hebben. In zo'n groep is het vaak passen en meten, zeker als er maar één groepsruimte en één slaapkamer is.

In het gesprek met Lies komt het verschil in spelgedrag van de dreumesen en peuters duidelijk naar voren. *'De dreumesen lopen naar de poppenhoek of de bouwhoek, maar als de grote kinderen daar zitten lopen ze weer verder. Dan struinen ze een beetje door de groep of ze kieperen opeens een bak met spullen om.'*

Er zijn ook duidelijke verschillen tussen pm'ers: de een verdraagt meer rommel en chaos in de groep dan de ander. Lies vraagt zich af: *'Hoe houd ik mijn groep netjes?'* Als begeleider wijs je erop dat de ruimte er niet alleen is om structuur te bieden. *'Als alles netjes moet blijven, valt er niks meer te ontdekken voor de kinderen'.* Voor dreumesen betekent dat bijvoorbeeld *'ruimte om te lopen en materiaal om te onderzoeken'.* Samen met de pm'ers moet je de ruimte zo inrichten dat alle pedagogische taken voor iedere leeftijdsgroep vervuld kunnen worden. *'We gaan met elkaar kijken hoe we het beter in kunnen richten.'*

Het opnieuw inrichten van een ruimte is een heel proces, dus begin niet direct te schuiven met de meubelen. Een plan en een goede plattegrond zijn onmisbaar, net als de observaties van de pm'ers. Met behulp van die plattegrond kun je zelf ook observeren hoe de kinderen de ruimte gebruiken. Betrek de grotere kinderen in dit proces, bijvoorbeeld door naar hun favoriete speelplek te vragen. In het pedagogisch beleid of het kwaliteitshandboek staan vaak regels over de inrichting waar je rekening mee moet houden. Pas als iedereen het met elkaar eens is, pas je samen met de pm'ers de inrichting aan. Vergeet niet om de kinderen en de ouders op de veranderingen voor te bereiden. Als het goed gelukt is, gaat de ruimte 'haar pedagogische taken vervullen' en neemt ze kinderen bij de hand met opruimen.

Inspirerende voorbeelden

Het is niet eenvoudig om een kindercentrum zo in te richten dat de pedagogische taken goed tot hun recht komen. Als begeleider hoef je het wiel niet zelf uit te vinden, er is al veel bedacht en gedaan. Om inspiratie op te doen kun je ook kijken hoe andere kindercentra eruitzien. Dat hoeft niet direct een studiereis naar Italië te zijn; in de literatuur en op internet zijn ook veel voorbeelden te vinden. Voor pm'ers is het heel inspirerend om eens bij collega's in de keuken te kijken. Als ze van elkaar horen wat mogelijk is op de werkvloer, zijn pm'ers vaak eerder overtuigd dan wanneer ze informatie van het management of van jou als begeleider krijgen. Ze zien met eigen ogen wat je als pm'er kunt doen met de inrichting en het spelmateriaal en wat het effect is op de kinderen in de groep. Binnen een organisatie zijn er mogelijkheden voor zo'n werkbezoek, bijvoorbeeld door je vaste overleg niet op het hoofdkantoor maar op wisselende locaties te organiseren. Bij het overleg kun je aan pm'ers vragen om hun collega's een rondleiding door hun kindercentrum te geven.

Jouw taak als begeleider is om de nieuw opgedane inspiratie van pm'ers in goede banen te leiden. Waak ervoor dat ze niet al te enthousiast hun groep gaan 'omgooien', maar zorg dat er eerst een goed doordacht plan komt, waar iedereen achter staat. Kinderen raken de weg kwijt in een groep waar de inrichting steeds verandert. Net als de pm'ers moet de ruimte vertrouwd en herkenbaar blijven.

> **Samenvatting: aankleden van de extra pm'er**
>
> Hoe de extra pm'er wordt aangekleed maakt verschil. Allereerst voor de kinderen. Weten ze zelf hun weg te vinden naar de speelhoeken en kunnen ze daar nieuwe ontdekkingen doen? Voelen zij zich veilig en kunnen ze zich uitleven in hun spel? Maar ook voor de collega's. Voelen de pm'ers zich ondersteund in hun pedagogisch handelen? Biedt de inrichting van de ruimte structuur aan de groep? Zijn er genoeg mogelijkheden voor het flexibel gebruik van de ruimte? Iedere ruimte vraagt aandacht en zorg, onderhoud en nieuwe ideeën. Door een passende aankleding van de ruimte kunnen de pedagogische taken van het kindercentrum volledig tot hun recht komen.

Vragen en opdrachten

Opdracht 1
Kies een bso-groep uit waar je met de kinderen over de inrichting en het spelmateriaal praat. Als je geen bso-groepen begeleidt, voer deze opdracht dan uit met een klein groepje grote peuters.
a. Observeer wat de favoriete speelplekken zijn in de groep en in de tuin. Maak foto's van deze plekken.
b. Kijk welk spelmateriaal de kinderen uitkiezen en ga met ze in gesprek over het spelmateriaal. Wat missen ze nog, wat zouden ze graag nog meer doen op de bso?
c. Bekijk de (geprinte of digitale) foto's uit opdracht a. met een klein groepje kinderen. Vraag wat er zo leuk is aan deze plek en wat voor plekken ze nog meer zouden willen op hun bso.
d. Noteer de uitkomsten in een verslag en maak samen met de pm'ers een voorstel voor nieuwe speelplekken en materialen.

Opdracht 2
Kies een kindercentrum uit waar je de inrichting van de ruimte wilt verbeteren.
a. Vraag de pm'ers van de groep naar de voor- en nadelen van hun (buiten)ruimte.
b. Kijk op ▶ https://ruimtenmaken.nl onder het kopje 'Informatie' en download de tekst 'Inrichting activiteitenplekken'.
c. Blijf op de website en ga naar het kopje 'Aktameter'. Hier kun je een formulier openen voor de ruimte die jij wilt observeren. Vul het (geprinte) formulier in en maak een top drie van verbeterpunten.
d. Bespreek met de pm'ers wat jullie kunnen veranderen en hoe je dit wilt aanpakken.

Literatuur

Curtis, D., & Carter, M. (2010). *Leven en leren met kinderen. De groepsruimte als pedagoog*. Houten: Springer Media.
Korczak, J. (1986). *Hoe houd je van een kind*. Utrecht: Bijleveld.
Singer, E., & Kleerekoper, L. (2016). Indeling en inrichting van de buiten- en binnenruimtes. In E. Singer & L. Kleerekoper (Red.), *Pedagogisch kader kindercentra 0-4 jaar* (pag. 91-99). Houten: Bohn Stafleu van Loghum.
Van de Weijenberg, A. (2018). De invloed van ruimte op kinderen. *Management Kinderopvang, 24*(7), 44-46.
Van Rijn, I. (2019a). Maak kennis met de derde pedagoog. Het gebruik van je ruimte. *Kinderopvang, 29*(4), 8-10.
Van Rijn, I. (2019b). In dialoog met de pedagoog: Ze halen alles uit de hoeken. *Kinderopvang, 29*(4), 27.
Vroom, M. (2016). De ruimte als pedagoog. *Management Kinderopvang, 22*(6), 24-28.

Websites

Over het inrichten van kindercentra: ►www.akta.nl/ (9 september 2019) en ►https://ruimtenmaken.nl/ (9 september 2019).

Dilemma's en druk

7.1 Dilemma's op de werkvloer – 72
　　　Hoe gaat het in de groep? – 72
　　　Ik zie wat jij niet ziet – 72
　　　Routines en vertrouwelijkheid – 73
　　　Gevaarlijke situaties – 74

7.2 Druk vanuit het management – 74
　　　Dit valt niet te rijmen – 75
　　　Ruimte voor pedagogiek – 75
　　　Buigen of barsten – 76

7.3 Tips voor de begeleider – 76
　　　Bepaal je positie – 76
　　　Maak je werk zichtbaar – 76
　　　Werk samen – 77
　　　Zoek een netwerk – 77

　　　Literatuur – 78

© Bohn Stafleu van Loghum is een imprint van Springer Media B.V., onderdeel van Springer Nature 2020
I. Van Rijn, *Pedagogiek in de vingers*, https://doi.org/10.1007/978-90-368-2435-4_7

Inleiding: meer vragen dan antwoorden

Je hebt als pedagogisch begeleider een boeiende en afwisselende taak. Steeds komen er nieuwe situaties en vragen op je pad waar je geen kant-en-klare antwoorden op hebt. Soms krijg je te maken met weerstand bij pm'ers of met druk vanuit het management. Bijvoorbeeld: je krijgt een opdracht vanuit het management die jouw pedagogische taak belemmert. In dit hoofdstuk bespreken we enkele concrete situaties die je tegen kunt komen in je organisatie. Ieder probleem is een uitdaging om over je eigen rol als begeleider na te denken. Simpele antwoorden zijn er niet, wel een paar tips aan het eind van het hoofdstuk.

7.1 Dilemma's op de werkvloer

Voor veel (pedagogisch) medewerkers is de komst van een begeleider iets nieuws. Tot 2019 waren kindercentra niet verplicht om pm'ers te coachen. Vaak deden pm'ers hun werk zonder veel extra begeleiding. De tijd waarin een leidinggevende van een kindercentrum op één plek zat en daar voor alles en iedereen kon zorgen, ligt achter ons. De leidinggevende van vandaag heeft meestal meerdere kindercentra onder haar beheer en moet met allerlei instellingen samenwerken, bijvoorbeeld met basisscholen en Centra voor Jeugd en Gezin (CJG). Ze is ook veel tijd kwijt met planning en rapportage aan het management. Daardoor kan ze minder op de werkvloer aanwezig zijn. De meeste leidinggevenden zijn blij met de komst van een pedagogisch begeleider, maar voor sommigen is het ook even wennen als er iemand meekijkt in 'hun' groepen.

Dat geldt ook voor de pm'ers. Zij zijn het niet altijd gewend dat een onbekende hun groep binnenkomt en allerlei vragen gaat stellen. Als begeleider wil je de handen uit de mouwen steken, maar het kan gebeuren dat je te horen krijgt: 'Er zijn hier geen problemen, we hebben geen vragen, alles gaat goed.' Daar sta je dan, hoe raak je in gesprek met de medewerkers?

Hoe gaat het in de groep?

Kinderen in de groep verzetten zich wel eens tegen een pm'er. Zeker als ze haar niet goed kennen kan dit verzet heel heftig zijn. Je zou de pm'er in zo'n situatie waarschijnlijk adviseren om geduld te hebben, de tijd te nemen om het kind te leren kennen en ook om het zich niet persoonlijk aan te trekken. Voor jou als pedagogisch begeleider geldt hetzelfde: respecteer de gevoelens van de medewerkers en vat hun weerstand tegen jou niet persoonlijk op. Neem de tijd om de groep en de medewerkers te leren kennen. Loop eerst eens een ochtendje mee met iedere groep. Stel je bescheiden op en kijk goed om je heen. Leg in het gesprek niet meteen je eigen plannen en adviezen op tafel, maar stel open vragen en laat de medewerkers hun verhaal vertellen.

Ik zie wat jij niet ziet

In al jouw observaties en gesprekken met pm'ers moeten de pedagogische taken van het kindercentrum de rode draad vormen. Soms moet je de verhalen van pm'ers begrenzen of hun pedagogisch handelen ter discussie stellen. Dat kan weerstand oproepen, zeker als je opmerkt dat sommige pedagogische taken in het kindercentrum niet tot hun recht komen.

De groepen

Je ziet dat de groepen 's morgens gezamenlijk worden opgestart. Van iedere groep is de pm'er met een 'vroege dienst' aanwezig. Zodra de collega met de 'late dienst' komt, kunnen de groepen naar hun eigen ruimten gaan. Het valt je op dat de pm'ers nog lang bij elkaar blijven en dat het voor de kinderen steeds onrustiger wordt. Zien ze dit niet?, vraag je je af. Uiteindelijk vertrekken de kinderen met de pm'ers naar hun eigen groepsruimten. In de peutergroep gaan de kinderen al snel aan tafel en ze blijven langer dan een half uur zitten. Je merkt op dat de pm'ers aan tafel meer met elkaar dan met de kinderen praten. De kinderen worden steeds drukker en je hoort veel corrigerende opmerkingen als 'op je billen zitten' en 'doe eens even rustig'. Je vraagt je af waarom de pm'ers niet meer met de kinderen praten in plaats van ze alleen maar toe te spreken.

De kinderen blijven de hele ochtend in de groep. Als het bijna etenstijd is, gaat een pm'er de tafel dekken, terwijl de ander de stretchers vast klaarzet in de groep. De kinderen kunnen niet meer spelen en moeten wachten tot ze aan tafel mogen. Er ontstaan veel onderlinge ruzietjes tussen de kinderen. Je zegt dat je het erg onrustig vindt in de groep. 'Dat is altijd aan het einde van de ochtend. Ze hebben honger, pas bij de eerste boterham is het stil', legt de pm'er uit. Na het eten worden de kinderen verschoond en gaan ze slapen. Ze slapen allemaal ruim twee uur, de kinderen die eerder wakker worden, mogen op hun stretcher een boekje lezen. Dan gaan ze weer aan tafel.

Routines en vertrouwelijkheid

De pm'ers in deze groep hebben langzaam maar zeker met elkaar vaste routines ontwikkeld, waardoor de pedagogische taken op de achtergrond zijn geraakt. Je mist het praten met de kinderen, respect voor hun autonomie en het speels toepassen van de regels in de groep. Stof genoeg voor gesprekken met de pm'ers. In de voorgaande hoofdstukken is al duidelijk geworden dat het geen zin heeft om pm'ers te vertellen wat ze wel en niet moeten doen. De weerstand zal alleen maar toenemen. Maar je moet de pm'ers wel 'uit hun comfortzone' halen. Daag ze op een positieve manier uit om naar hun pedagogisch handelen te kijken (Van Poppelen 2007). De pedagogische taken bieden je houvast in de gesprekken. Het gaat om werken aan veilige relaties (▶H. 2), aan respectvolle relaties (▶H. 3), aan gestructureerde relaties (▶H. 4) en aan leerzame relaties (▶H. 5).

In ieder gesprek zoek je de balans tussen veiligheid en uitdaging, tussen de vertrouwensrelatie en de pedagogische taken. Als je de pm'ers beter leert kennen, moet je opletten dat de gesprekken niet te persoonlijk worden. Sommige pm'ers nemen je in vertrouwen over hun privé-problemen. Dat is niet verboden, maar het mag niet ten koste gaan van de aandacht voor de pedagogische taken. Je wilt geen therapeut of 'personal coach' worden. In de casus 'Babygroep' kom je een pm'er tegen die door haar persoonlijke problemen niet goed in staat is haar pedagogische taken te vervullen. Wat is jouw rol als begeleider in zo'n geval?

> **Babygroep**
>
> Je komt in de babygroep bij een pm'er die niet lekker in haar vel zit. Je weet dat ze privé-problemen heeft en erg slecht slaapt. Het valt je op dat ze niet met haar volle aandacht bij de baby's is. Op de bank zie je een flesje melk liggen, het is voor de helft opgedronken. In de slaapkamer hoor je een baby hard huilen. 'Gaat het wel goed in de slaapkamer?', vraag je haar, waarop ze uitroept: 'Mijn collega is met pauze en ik heb maar twee handen!'
> Dit kan een momentopname zijn. Je besluit om een keer extra te komen observeren. Haar collega vertelt dat zij zich ook zorgen maakt: 'Ik kan niet alles in m'n eentje, vandaag of morgen gaat het mis.' Ze meldt dat het hekje van de hoge box al een paar keer niet goed was afgesloten. Toen ze haar collega hierop aansprak, antwoordde die: 'Jij laat toch ook wel eens een steekje vallen?' Ze heeft met haar collega te doen en probeert de problemen uit het zicht van de ouders en de leidinggevende te houden.

Gevaarlijke situaties

Dit vraagt om actie, de veiligheid van de kinderen loopt gevaar. Organiseer een gesprek met beide pm'ers en zet met elkaar de problemen op een rijtje. Spreek je zorgen uit en zeg eerlijk dat de leidinggevende hiervan zo spoedig mogelijk op de hoogte gebracht moet worden. Je bespreekt met elkaar wie dat op welk moment gaat doen. Als zij het niet doen, moet jij het doen. Zo maak je duidelijk waar je staat, zonder achter hun rug om te handelen.

De emoties kunnen in zo'n situatie hoog oplopen, niet alleen bij de pm'ers, maar ook bij jezelf. Daarom is het fijn als je aan een collega-begeleider kan vertellen wat je hebt meegemaakt. Je hoeft daarbij geen namen te noemen, zo bescherm je de privacy van de pm'ers.

Zonder de leidinggevende van het kindercentrum bereik je weinig tot niets; zij heeft de touwtjes in handen en draagt de eindverantwoordelijkheid. Probeer er alles aan te doen om met haar op een lijn te komen, zodat jullie elkaars handelen versterken. Als er een conflict is tussen de leidinggevende en een of meer pm'ers, pas dan op dat je geen partij kiest of in de rol van conflictbemiddelaar terechtkomt. Blijf de aandacht richten op het pedagogisch handelen en de gezamenlijke pedagogische taken van het kindercentrum.

7.2 Druk vanuit het management

De positie van pedagogisch begeleiders kan per organisatie heel verschillend zijn. Er zijn organisaties met één pedagogisch begeleider en andere met een heel team. Sommige organisaties huren een pedagogisch begeleider in, omdat ze niet de middelen hebben om iemand in dienst te nemen. In andere gevallen wordt de functie gecombineerd met uitvoerend werk op de groep of met leidinggevende taken binnen het kindercentrum.

Wat jouw positie ook is, je wordt altijd ter verantwoording geroepen door het management. Zij nemen jou in dienst – of huren je in – en willen weten wat dat oplevert.

Hoe maak je duidelijk wat het nut van jouw functie is? Als pedagogisch begeleider wil je heel bevlogen vertellen over mooie projecten en processen waar jullie mee bezig zijn. Maar in het overleg met je manager is het handig om beknopt aan te geven wat je wanneer gaat doen en welke resultaten dit gaat opleveren. Denk bijvoorbeeld aan een jaarplanning met specifieke, meetbare acceptabele, realistische en tijdgebonden ('SMART') doelen.

Dit valt niet te rijmen

Soms ontstaat er verschil van inzicht binnen de organisatie. Het management kan besluiten om het belang van de ouders als klant voorrang te geven boven de pedagogische taken. Denk bijvoorbeeld aan flexibele opvang, waardoor de stabiliteit van de groepen wordt aangetast. In de groepen zie jij de gevolgen van zo'n maatregel, bijvoorbeeld dat kinderen heel moeilijk kunnen wennen, omdat ze onregelmatig komen en veel verschillende gezichten zien. Je spreekt de pm'ers hierop aan, maar zij kunnen de oorzaak van het probleem niet aanpakken.

Het management kan jou ook taken geven die je vertrouwensrelatie met pm'ers op de proef stellen. Bijvoorbeeld wanneer informatie uit de begeleidingsgesprekken wordt gevraagd om het functioneren van pm'ers te beoordelen. De vertrouwensrelatie tussen jou en de pm'er komt dan onder druk te staan. In de casus over Video Interactie Begeleiding (VIB) wordt dit dilemma zichtbaar.

VIB

De organisatie heeft voor jou en je collega-begeleider een opleiding tot video-interactiebegeleider betaald. Het certificaat is binnen en jullie moeten een plan op tafel leggen waarin staat hoe VIB binnen de organisatie wordt ingezet. Samen met je collega maak je een filmpje om te laten zien hoe VIB werkt en stel je een schema op voor de introductie van VIB in de kindercentra. Het management vindt dit allemaal veel te vrijblijvend. Ze verwachten dat jullie bij iedere pm'er met scores en verbeterpunten komen die de leidinggevenden kunnen gebruiken in hun functioneringsgesprekken met de pm'ers. De schrik slaat je om het hart: hier is VIB niet voor bedoeld (Hoeks en Konings 2017). De pm'ers die zich laten filmen, stellen zich kwetsbaar op en in de opleiding heb je geleerd hier zorgvuldig mee om te gaan. Pm'ers kijken naar hun eigen pedagogisch handelen op het filmpje. Jouw rol is om te benoemen wat goed gaat in de interactie tussen pm-er en de kinderen en om er verdiepende vragen bij te stellen. Met deze positieve benadering versterk je het zelfvertrouwen van de pm'ers. Je collega en jij zijn heel enthousiast over deze werkwijze en voelen niets voor het voorstel van het management.

Ruimte voor pedagogiek

Eigenlijk is hier een aantal stappen overgeslagen: voordat de VIB-opleiding in huis gehaald werd, had de inzet van de methode besproken moeten worden. Maar in de praktijk gaat het vaak anders en nu is er geen weg terug. Jullie moeten samen je strategie bepalen en de discussie aangaan, liefst met medewerkers van de kindercentra erbij. Voor hen zal de beslissing vergaande gevolgen hebben.

Je strategie is wellicht: opnieuw uitleggen wat de principes van de VIB zijn en hoe jullie ermee willen werken, maar inhoudelijke argumenten zullen niet in goede aarde vallen. Het management heeft andere verwachtingen van de VIB: een handig instrument om in te zetten bij de functioneringsgesprekken. Wellicht hebben ze gehoord of gelezen dat VIB een positieve invloed heeft op het functioneren van de pm'ers.

Het werkt waarschijnlijk beter om een schema op te stellen waarin je de verschillen tussen begeleidende taken en leidinggevende taken zichtbaar maakt. Maak duidelijk dat je deze twee taken niet altijd kunt mengen. Als begeleider heb je een coachende rol, die is pas effectief wanneer de vertrouwensrelatie met de pm'ers intact blijft. Dring er op aan dat je de ruimte krijgt voor de uitvoering van jouw taak. Hiermee stel je niet alleen de VIB veilig, maar eigenlijk je hele functie als pedagogisch begeleider.

Buigen of barsten

Uiteindelijk beslist het management. Maar wat doe je als de ruimte voor jullie begeleidende taak zo wordt ingeperkt? Kun je eigenlijk wel weigeren om VIB uit te voeren zoals het management dat wil? Daar is geen eenduidig antwoord op te geven; er spelen zoveel zaken mee, bijvoorbeeld of jij veel gezag hebt binnen de organisatie en of er een klimaat is waarbinnen onderhandeld kan worden. In dat geval probeer je tot een compromis te komen, bijvoorbeeld om de VIB voor het coachen te gebruiken en aan de leidinggevenden een ander instrument beschikbaar te stellen om functioneringsgesprekken te voeren. Soms heb je geen keus en moet je de resultaten van de VIB met de leidinggevenden delen. Dan is het van belang om dit van tevoren aan alle betrokkenen duidelijk te maken.

Zo'n verschil van inzicht is een uitdaging om over je eigen rol als begeleider na te denken. Je zult soms met de handen in het haar zitten, want er zijn geen simpele oplossingen. De kunst is om compromissen te zoeken en toch trouw te blijven aan de kern van de zaak: de pedagogische taken. Die blijven de rode draad, in de gesprekken op de werkvloer en in de discussies met het management. Tot slot enkele tips.

7.3   Tips voor de begeleider

Bepaal je positie

Zeker als het om een nieuwe functie gaat, is het handig om je positie binnen de organisatie helder te omschrijven. Als begeleider heb je ruimte nodig om de pedagogische taken van de kindercentra te versterken. Door dit van het begin af aan duidelijk te maken, vermijd je dat je voor allerlei andere taken wordt ingezet.

Maak je werk zichtbaar

Formuleer zo helder mogelijk waar jullie mee bezig zijn. Managers denken resultaatgericht, dus probeer je doelen zo concreet en exact mogelijk te verwoorden. Er komen veel vragen op je af, uit de kindercentra en van het management, maar je kunt niet alles tegelijk. Stel voor om binnen de organisatie met een centraal jaarthema te werken, dat in een gezamenlijk overleg wordt vastgesteld. Zo perk je het aantal onderwerpen in en wordt de samenwerking tussen de verschillende afdelingen versterkt. Het helpt ook om je werk binnen de organisatie zichtbaar te maken.

Werk samen

Je werkt als begeleider heel zelfstandig, maar zonder samenwerking kom je er niet. Om iets te bereiken met de teams, moeten de leidinggevende van het kindercentrum en jij elkaar op handen dragen. Zo krijgen pm'ers van haar en van jou dezelfde boodschap mee en op het moment dat jij de deur van het kindercentrum achter je dicht trekt, gaat de leidinggevende ermee verder.

Probeer ook een groep leidinggevenden bij elkaar te krijgen. Creëer een plek waar je met elkaar de begeleidende taken en het jaarthema vaststelt. Als je hiervoor de handen op elkaar krijgt, zal dit je werk lichter maken; je hoeft niet steeds opnieuw met iedere leidinggevende dezelfde discussie te voeren. Bovendien inspireert de groep elkaar met goede voorbeelden en nieuwe ideeën.

Samenwerking met de basisschool wordt steeds belangrijker in de kinderopvang, zeker als er met VVE gewerkt wordt. Als begeleider of VVE-coach kan je goede contacten opbouwen met de leerkrachten en de intern begeleider van de school, iets waar de medewerkers van de kindercentra zelf niet altijd aan toekomen. Het zal zeker gewaardeerd worden en het versterkt de gezamenlijke pedagogische taken van kinderopvang en basisonderwijs.

Zoek een netwerk

Naast alle samenwerking op de werkvloer is het fijn om contact te zoeken met collega's die dezelfde functie hebben als jij. Je maakt van alles mee op de kindercentra en het is zinvol om je ervaringen te bespreken met gelijkgezinden, die wat meer afstand tot de situatie hebben. Als er binnen je organisatie geen collega-begeleiders zijn, zoek ze dan daarbuiten. Je kunt zelf een intervisiegroep in je regio oprichten, bijvoorbeeld via LinkedIn. Uitwisseling met vakgenoten geeft je steun; je doet er inspiratie op en je leert er veel van.

Op landelijk niveau is er de beroepsvereniging Pedagogisch Professionals in de Kinderopvang (PPINK). PPINK wil de positie van alle pedagogisch professionals in de kinderopvang versterken, dat biedt jou nieuwe kansen.

> **Samenvatting: trouw aan de pedagogische taken**
>
> Zo'n nieuwe functie als begeleider is een spannende zoektocht naar je mogelijkheden binnen de organisatie. In de groepen moet je voet aan de grond zien te krijgen en bij het management je pedagogisch roer in handen zien te houden. Je zult voor dilemma's komen te staan en er zal druk op je uitgeoefend worden. Sta open voor alles wat op je af komt, maar zorg dat je er niet door overstelpt wordt. We halen het schema uit de Inleiding er weer even bij (zie ◘fig. 7.1), dat geeft jou houvast. De pedagogische taken van het kindercentrum geven steeds de richting aan: daar moet het naar toe, die taken moet je trouw blijven.

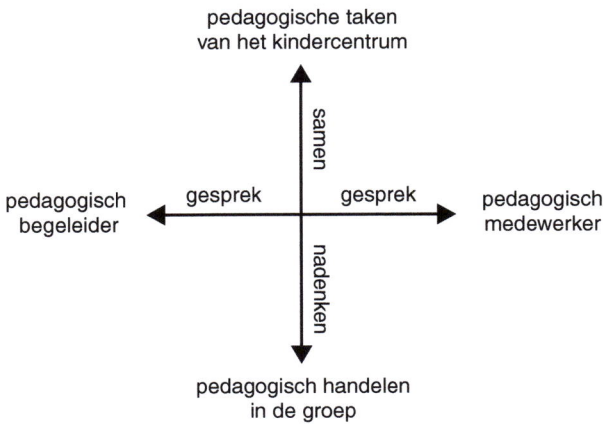

Figuur 7.1 Houvast voor de begeleider

Laatste opdracht

Zoek een functieomschrijving van pedagogisch begeleider of -coach binnen je organisatie of op internet (bijvoorbeeld op een site met vacatures).

a. Staat de positie van de pedagogisch coach binnen de organisatie duidelijk omschreven?
b. Streep drie taken van de begeleider aan en beschrijf bij iedere taak zo concreet mogelijk wat het nut hiervan is voor de organisatie. Gebruik zo min mogelijk woorden.
c. Vergelijk je antwoorden met die van een collega of andere deelnemer.

Literatuur

Hoeks, J., & Konings, M. (2017). *Handleiding video-interactiebegeleiding in de kinderopvang*. Amsterdam: SWP.
Van Poppelen, E. (2007). *Zelfreflectie binnen de kinderopvang*. Twello: Van Tricht uitgeverij.

Websites

Over kort en bondig formuleren, zie: *Het mandje van Tichelaar* op YouTube: ▶ https://www.youtube.com/watch?v=ypSKDY4Jp3g (16 september 2019).
Over de beroepsvereniging PPINK, zie: ▶ https://www.ppink.nl/.

If you have any concerns about our products,
you can contact us on
ProductSafety@springernature.com

In case Publisher is established outside the EU,
the EU authorized representative is:
**Springer Nature Customer Service Center GmbH
Europaplatz 3, 69115 Heidelberg, Germany**

Printed by Libri Plureos GmbH
in Hamburg, Germany